LE MONDE de CLÉO

Fichier d'entrainement

FRANÇAIS CE1

Compréhension Vocabulaire Grammaire Orthographe

Antoine Fetet
Joëlle Gardette

Professeur des écoles puis successivement maitre-formateur, formateur associé à l'IUFM de Lorraine, à l'INSPE de la Réunion, directeur d'école en REP, **Antoine Fetet** se passionne depuis toujours pour la didactique de la maitrise de la langue.
http://blogs.editions-retz.com/antoine-fetet/

Docteure en sociologie, **Joëlle Gardette** est directrice éditoriale adjointe et orthophoniste. Elle a assuré le suivi éditorial de nombreux ouvrages de la collection CLÉO depuis sa création.

RETZ
editions-retz.com

Sommaire

Ce sommaire mentionne les activités “Pour commencer”, qui marquent l'entrée dans une notion nouvelle.

Sont disponibles en **ressources numériques** :
- un sommaire complet avec l'ensemble des activités « Pour commencer » et « Pour s'entrainer » ;
- une programmation annuelle permettant de visualiser la répartition des séances sur l'année.

PAGES	
	1 PÉRIODE 1
8	Je comprends ce qui est « caché » dans un texte
9	Je classe les mots dans l'ordre alphabétique
10	Je découvre le singulier et le pluriel des noms
12	J'écris les mots avec oi, ou, on
14	Je comprends des phrases complexes
16	Je découvre les familles de mots (1)
18	J'écris les mots avec i/in, ai/ain
20	J'accorde le verbe avec le sujet (1)
22	J'écris les mots avec ar/ra, ir/ri, or/ro…
24	J'associe des phrases et des images
26	Je classe les noms en catégories
28	Je découvre le passé, le présent et le futur
30	J'écris les mots avec ai, an, au, eau
	2 PÉRIODE 2
32	Je choisis les bons déterminants
34	J'écris les mots avec g ou gu
36	Je fais attention à tous les détails de la phrase
38	Je comprends des mots qui ont plusieurs sens
40	J'accorde le verbe avec le sujet (2)
42	J'écris les mots avec elle, ette, esse, enne, erre
44	Je comprends où commence et où finit une phrase
46	Je découvre les diminutifs
48	Je reconnais le verbe et le nom (1)
50	J'écris les mots avec s ou ss
52	J'adapte ma lecture au fil du texte
56	J'écris les mots avec rt, rp, rs, st, str…
58	Je conjugue les verbes au présent avec il, elle ou ils, elles
60	Je maitrise l'apostrophe et les liaisons

	PAGES	
3 PÉRIODE 3	68	Je trouve le sujet et le verbe de la phrase (1)
	70	Je forme des mots nouveaux
	74	Je découpe les mots en syllabes
	76	Je conjugue les verbes au présent avec **nous** et **vous**
	78	Je lis différents types de documents
	82	J'écris les mots avec **c** ou **qu**
	84	Je maitrise l'accent aigu (é)
	86	J'accorde l'adjectif avec le nom
	88	Je trouve le sens d'adjectifs inconnus
	90	J'écris les mots avec **c** ou **ç**
	92	Je conjugue les verbes **être** et **avoir** au présent
	94	Je conjugue les verbes au présent avec **je** et **tu**
	98	Je comprends de qui ou de quoi on parle
	100	J'écris des verbes au pluriel
	102	Je comprends le sens propre et le sens figuré
4 PÉRIODE 4	104	Je connais les pronoms sujets
	108	Je conjugue les verbes au futur
	110	J'écris les mots avec **g** ou **ge**
	114	J'écris les mots avec **in/ine, ain/aine, ein/eine, un/une**
	116	Je reconnais le verbe et le nom (2)
	118	Je comprends dans quel ordre se passent les choses
	120	J'écris les mots avec **h, ch, ph**
	124	Je maitrise l'accent grave (è)
	126	J'écris les mots avec **am, em, im, om**
	128	Je manipule les groupes nominaux et les pronoms
	130	Je découvre les adverbes en **-ment**
	134	Je conjugue les verbes à l'imparfait
	138	Je coupe des phrases en groupes de sens
5 PÉRIODE 5	140	J'écris les mots avec **ail, eil, euil, ouil**
	142	Je découvre les familles de mots (2)
	144	Je reconnais les noms propres et les noms communs
	146	Je découvre le passé composé
	148	Je transforme des phrases
	150	J'écris les mots avec **ille, aille, eille, euille, ouille**
	152	Je fais un dessin pour montrer que j'ai compris
	154	Je reconnais les familles de mots et les classes grammaticales
	156	Je manipule des adjectifs
	158	Je trouve le sujet et le verbe de la phrase (2)
	160	J'écris les mots avec **gn** ou **gu**
	162	Je découvre les préfixes
	164	Je découvre les niveaux de langue
	166	J'écris le masculin et le féminin des adjectifs
	168	J'organise les mots du général au particulier
	172	J'écris les mots avec **oi, oin, ion**

Présentation

La collection *Le Monde de Cléo* est un dispositif d'entrainement visant la maitrise progressive de la langue.

Elle organise les apprentissages avec cohérence et rigueur de la grande section de maternelle à la 6e.

Entièrement remise à jour et conforme aux programmes 2025, elle propose une démarche et des situations de travail fondées sur la réitération d'entrainements signifiants. Les activités proposées permettent à tous les élèves de progresser à leur rythme, puis d'automatiser patiemment leurs connaissances et compétences.

Des options didactiques & pédagogiques fortes

La collection *Le Monde de Cléo* s'appuie sur des choix novateurs et efficaces :

Pour les élèves :

- **rencontrer les notions à plusieurs reprises**, de manière spiralaire au fil de l'année, afin de bien ancrer les apprentissages en mémoire à long terme ;
- **se familiariser avec des formats d'exercices récurrents** qui permettent de se concentrer sur les tâches demandées et de multiplier les expériences d'apprentissage réussies ;
- **progresser grâce à des situations de travail** mobilisatrices et stimulantes ;
- **avoir une meilleure visibilité des apprentissages** dans lesquels ils s'engagent.

Pour les enseignants :

- **des activités d'entrainement** qui, grâce à leur format récurrent, permettent souplesse et autonomie dans l'organisation des apprentissages ;
- **un travail de consolidation** de la compréhension en lecture ;
- **une très large gamme d'activités** utilisables dans un grand nombre de situations : classe ordinaire, prises en charge par les enseignants spécialisés des RASED, ULIS, mise en place des différents plans d'appui à la scolarisation (PPRE, PAP, PPS...), classes accueillant des élèves allophones, aide personnalisée, stages de remise à niveau, etc.

Le fichier *Le Monde de Cléo CE1* est organisé en quatre domaines :

Compréhension → informations implicites, chronologie, substituts du nom, marques morphosyntaxiques...

Grammaire → le nom, le verbe, l'adjectif, la relation sujet/verbe, la phrase, la conjugaison...

Vocabulaire → familles de mots, préfixes et suffixes, polysémie, termes génériques et spécifiques...

Orthographe → lettres muettes, rapports graphophonologiques réguliers, orthographe des accords...

UN DISPOSITIF COMPLET

***Le Monde de Cléo CE1* est constitué :**

- **de ce fichier pour l'élève**, regroupant l'ensemble des activités « Pour commencer » et « Pour s'entrainer » ;
- **d'un aide-mémoire personnalisable** rassemblant l'ensemble des notions étudiées dans l'année et permettant la structuration des savoirs et des savoir-faire ;
- **d'un guide pédagogique indispensable** pour s'approprier la démarche de la collection, qui contient en outre des ressources pour l'enseignement de l'oral ainsi que de nombreuses pistes organisant les activités quotidiennes de copie, dictée, production d'écrits ;
- **de ressources supplémentaires disponibles** sur le site compagnon https://monde-cleo-francais.editions-retz.com : activités vidéoprojetables, activités d'entrainement supplémentaires, activités « Pour aller plus loin », affichages référents, outils d'aide à l'évaluation...
- **d'un cahier de production d'écrits** (à paraitre en 2026), qui permet de lier étroitement la production d'écrits, l'étude de la langue et la vigilance orthographique à tous les stades de l'écriture.

Un fichier d'entrainement entièrement repensé et inédit

Cette nouvelle version de *Cléo* a été entièrement refondue et repensée.

- Elle est **conforme aux programmes de 2025**.
- Elle est organisée en **5 périodes de 6 semaines** avec des « temps de respiration » pour travailler toute l'année de manière confortable et sans stress.
- Elle est **présentée de manière linéaire**, ce qui facilite le travail quotidien de préparation et le déroulement des séances :
  - ➜ le principe est bien spiralaire (les différentes activités permettant d'entrainer une notion sont étalées dans le temps) ;
  - ➜ une semaine de travail est présentée sur trois doubles pages, que l'on peut répartir selon l'organisation de son choix.
- Elle propose un support unique, adapté à tous les élèves, y compris aux élèves à besoins particuliers, avec l'ambition d'approcher au plus près des principes de la **conception universelle des apprentissages (CUA)**.

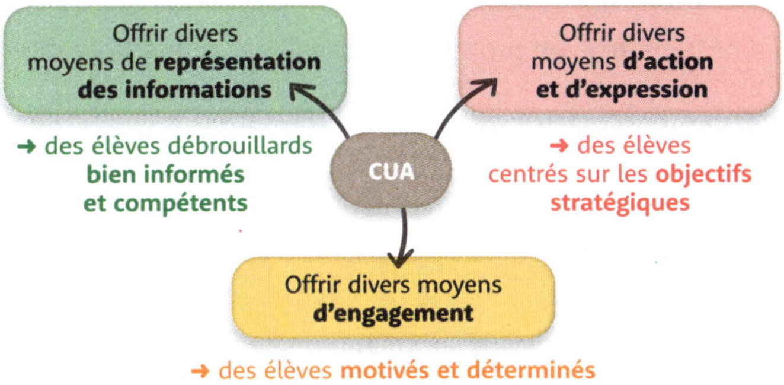

L'inclusion, c'est « offrir, au sein de l'ensemble commun, un "chez soi pour tous" » Charles Gardou, *La société inclusive, parlons-en !*

Depuis la **loi de 2005 sur l'égalité des droits, des chances, la participation et la citoyenneté des personnes handicapées**, de nombreux textes ont été adoptés pour renforcer le principe de l'**inclusion scolaire**. Ils affirment le droit de chaque élève à une scolarisation en milieu ordinaire au plus près de son domicile, ainsi qu'à un parcours scolaire continu et adapté. Aujourd'hui, il est essentiel, à l'image de la conception universelle en architecture, de créer des environnements accessibles. De même que l'installation de rampes, plutôt que d'escaliers, permet de faciliter l'accès des bâtiments à tous sans ralentir personne, **ce fichier a été conçu pour être utilisé par l'ensemble de la classe**. En effet, **ce qui aide certains profite à tous**, et les ajustements effectués, loin de freiner ou de perturber les élèves les plus avancés, leur bénéficient également.

Testés auprès d'enseignants, spécialisés ou non, d'orthophonistes, de parents et d'enfants, puis aménagés dans un souci d'accessibilité cognitive et de lisibilité pour toute la classe, les grands principes sont les suivants :

- le nombre d'activités par page est limité et la mise en page aérée ;
- les consignes sont présentées successivement afin d'éviter les doubles tâches ;
- la typographie, sans empattements, a été choisie pour sa lisibilité ;
- les espaces entre les lignes, les mots et les lettres sont augmentés ;
- les textes ne sont pas justifiés afin d'éviter les blancs irréguliers qui fatiguent les yeux ;
- les rhèses (groupes de mots syntaxiquement et sémantiquement liés) sont respectées ;
- certains codes couleurs sont renforcés par des symboles visuels (encadrés en pointillés…) ;
- des trames légèrement colorées reposent l'œil et permettent de mieux se repérer.

Parce qu'il est impossible de prévoir tous les cas particuliers dans le cadre d'une publication papier, **il est prévu, sur le site compagnon (https://monde-cleo-francais.editions-retz.com), des propositions alternatives pour tous les élèves**, porteurs ou non de troubles, qui, tout au long de l'année, ou ponctuellement, auraient des besoins plus spécifiques :

- des caches de différentes tailles (à poser sur les activités voisines afin de se focaliser uniquement sur la tâche à effectuer) et des guides de lecture ;
- des pictogrammes permettant d'accompagner les élèves dans la compréhension et l'exécution des consignes ;
- des tableaux de structuration des tâches lorsque celles-ci sont plus complexes ou plus nombreuses ;
- des étiquettes reproduisant les syllabes, mots et phrases proposées dans de nombreuses activités : découpables et manipulables, elles peuvent également être collées sur le fichier et soulager ainsi certains élèves de la tâche d'écriture.

Ce fichier inclusif permet ainsi de préparer et d'animer toutes les séances avec le collectif de la classe, dans une dynamique d'apprentissage commune qui évite les risques de stigmatisation ou de perte de confiance en ses capacités d'apprendre et de progresser.

Comment utiliser *Le monde de Cléo* au quotidien ?

Une démarche spiralaire pour mieux apprendre

Le Monde de Cléo propose de travailler en parallèle plusieurs notions.
Pour chaque notion (présentée dans la rubrique « Pour commencer »), une **séquence d'apprentissage** est programmée sur une durée allant de quelques semaines à plusieurs mois (selon sa complexité).

Le principe du tuilage

- **Le principe du tuilage tient compte des recherches en psychologie cognitive et en neurosciences.** Sur le plan cognitif, le tuilage respecte le fonctionnement naturel du cerveau, qui construit les apprentissages de manière progressive et interconnectée. En permettant un chevauchement des connaissances, il favorise l'établissement de liens entre les différentes notions, ce qui renforce la mémorisation à long terme.
- Les différentes notions ici abordées ne se travaillent pas de manière groupée en quelques séances. Au contraire, un tuilage des entrainements est organisé afin que **chaque notion soit travaillée de manière régulière et spiralaire au fil de l'année.** Cela permet de travailler en parallèle et sur des durées variables des savoirs et des savoir-faire diversifiés ainsi mieux mémorisés et maitrisés.

Cette programmation est disponible en **ressources numériques.**

Une acquisition des savoirs plus durable

- Espacer les épisodes d'apprentissage (apprentissage distribué et non pas massé) renforce la mémorisation des connaissances et permet une acquisition des savoirs et des savoir-faire plus solide et plus durable.
- Les occasions de s'entrainer sont plus nombreuses dans *Le Monde de Cléo* que dans une organisation traditionnelle. Pour autant, cela n'augmente pas le temps global consacré à l'étude d'une notion. Il est plus efficace de consacrer trois séances courtes de 20 minutes à une notion de grammaire, par exemple, que de prévoir une seule séance hebdomadaire d'une heure.
- **Chaque semaine, les élèves découvrent ainsi trois nouvelles notions dans divers domaines** (compréhension, grammaire, vocabulaire, orthographe) tout en poursuivant l'entrainement sur les notions en cours d'apprentissage.
- Outre les séances qui ont le fichier pour support principal, sont prévues des dictées, des copies, des activités de production d'écrits... Ces séances permettent de renforcer encore les compétences dans des contextes divers.

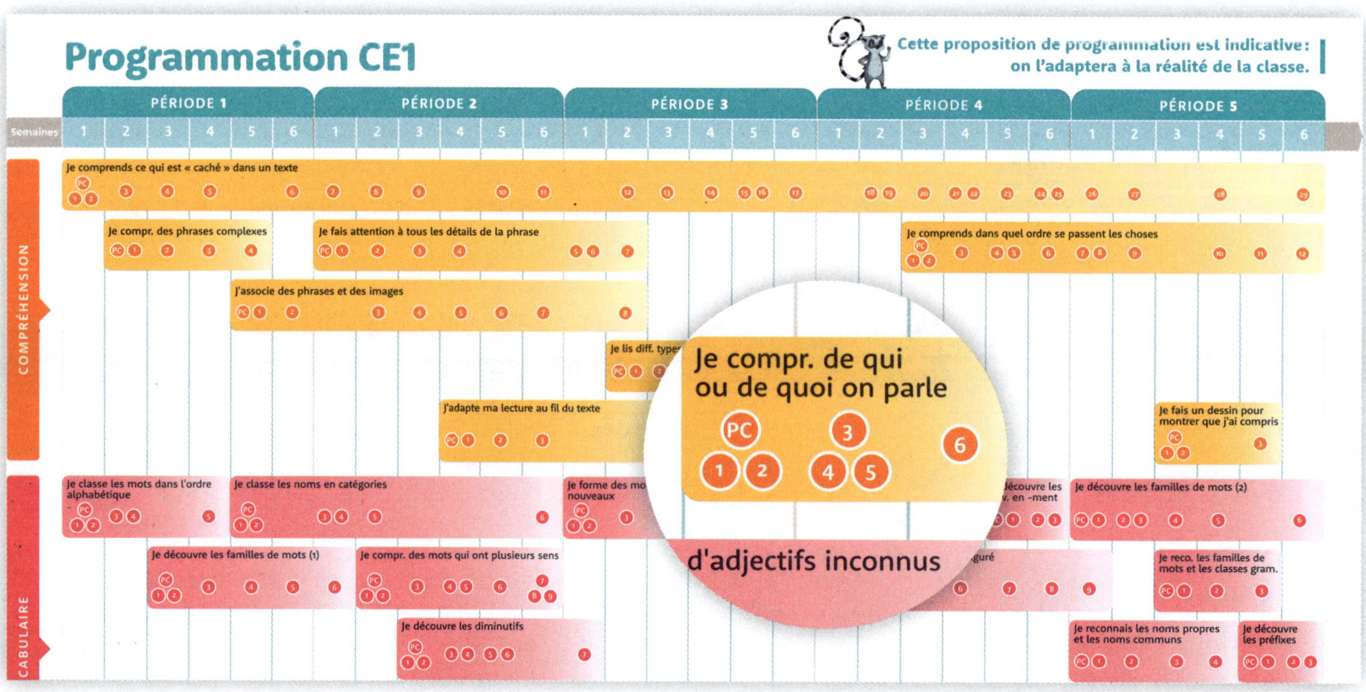

SÉANCE « POUR COMMENCER »

Entrée dans une notion nouvelle

Trois jours par semaine, une séance est prévue dans l'un des quatre domaines (Compréhension • Vocabulaire • Grammaire • Orthographe).

Il peut s'agir d'une découverte collective, d'une recherche individuelle, d'une activité de manipulation de mots, de transformation de phrases, etc.

Elle permet aux élèves d'aborder activement la notion à étudier et de se familiariser avec le format de l'activité.

Les élèves expérimentent les stratégies et procédures de résolution du problème posé. Les enseignants accompagnent cette première découverte en aidant les élèves à saisir les enjeux de l'apprentissage en cours. **Cette phase figure désormais dans le fichier de l'élève** ; sa mise en œuvre est décrite très précisément dans le guide pédagogique.

SÉANCES « POUR S'ENTRAINER »

Les élèves travaillent individuellement sur le fichier. Peu à peu, grâce aux corrections et aux phases de mise en commun successives, ils perçoivent plus finement les paramètres qui conditionnent la réussite, et s'approprient les savoirs et savoir-faire.

En haut à droite de chaque activité, **la barre de progression** permet de se repérer dans la progression d'une notion.

1 2 **3** 4 5 6 → Ici par exemple, 3e activité d'une série de 6

Activités supplémentaires

Pour chaque notion, une activité d'entrainement supplémentaire est systématiquement proposée.

Elle peut être utilisée de deux manières :

- activité permettant de prolonger l'entrainement si cela est jugé nécessaire ;
- activité d'évaluation à l'issue de l'étude d'une notion.

Activités « Pour aller plus loin »

Destinées aux élèves les plus avancés, elles permettent de lisser les différences dans le rythme de travail, et de dégager du temps pour les enseignants, pour se consacrer aux élèves ayant besoin de davantage d'étayage et d'interactions pour atteindre la maitrise des compétences en cours d'apprentissage.

APRÈS LES ENTRAINEMENTS

Phase de synthèse

Au moment où la notion étudiée est suffisamment maitrisée par la majorité des élèves, les savoirs et les savoir-faire font l'objet d'une synthèse : un affichage référent est présenté et/ou une leçon de l'aide-mémoire est lue, commentée et mémorisée.

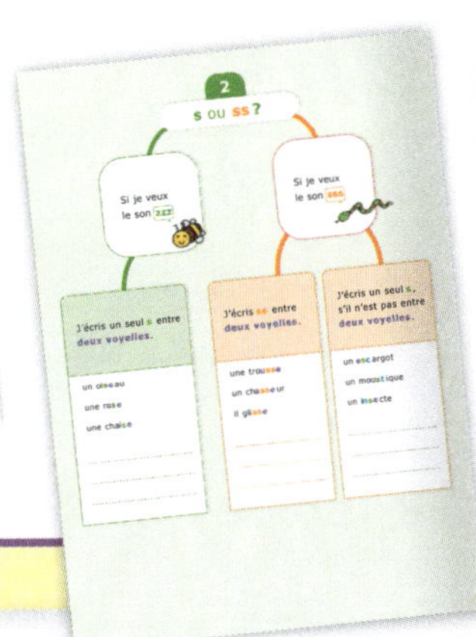

Phase de consolidation et de transfert

À l'issue de la série d'entrainements du fichier, les compétences sont renforcées grâce à des activités de consolidation (dictées, copies...) ou de transfert (activités d'écriture mises en place en classe...) détaillées dans le guide pédagogique.

Je comprends ce qui est « caché » dans un texte

Pour commencer

Lis attentivement le texte pour bien comprendre.

Frédéric descendit de son vélo et dit bonjour à Madame Dupré en lui tendant deux lettres et une carte postale.

Réponds à la question.

- Quel est le métier de Frédéric ?

____

Dans le texte, souligne les indices qui t'ont permis de répondre.

Voici les réponses données par d'autres élèves.
Pourquoi ne sont-elles pas justes ?

1 Je comprends ce qui est « caché » dans un texte

Pour s'entraîner

1 2 3 4 5 ... 26 27 28 29

Lis attentivement le texte pour bien comprendre.

Le garagiste ferma le capot et dit à mes parents :
« Je ne peux pas réparer ça tout de suite,
il faut me la laisser jusqu'à demain. »

Réponds aux questions.

- Où se passe cette scène ?

____

- Qu'est-ce qui doit être réparé ?

____

Dans le texte, souligne les indices qui t'ont permis de répondre.

Je classe les mots dans l'ordre alphabétique

Pour commencer

Écris les noms des animaux dans l'ordre alphabétique.

→ alligator
→ b
→ canard
→ d
→ éléphant
→
→ girafe
→
→
→ jars
→
→
→ moineau

hippopotame

boa

koala

ibis

dauphin

loup

fourmi

Colorie l'initiale de chaque mot.

① Je classe les mots dans l'ordre alphabétique

Pour s'entraîner

1 2 3 4 5

Écris les noms des animaux dans l'ordre alphabétique.

yack wapiti pivert ours tigre

→ naja
→ o
→
→
→ requin
→ souris

→
→
→ vache
→
→
→ zèbre

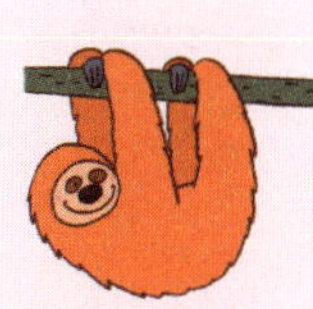
unau

quéléa

Colorie l'initiale de chaque mot.

P1

Je découvre le singulier et le pluriel des noms

Pour commencer

Un élève a commencé cette activité.

▸ Vérifie et complète son travail.

un | une | des

verres | robot | échelles | ampoules

échelle | ampoule | verre | robots

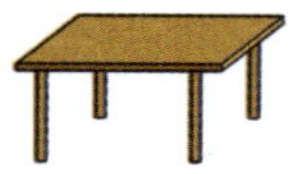

Il y en a **un seul** ou **une seule**.	Il y en a **plusieurs**.
→ une table	→ des tables
→	→
→	→
→	→
→	→

Que remarques-tu à la fin des noms au pluriel ?

① Je découvre le singulier et le pluriel des noms

Pour s'entraîner

1 2 3 4 5 6 7

▸ Écris chaque nom avec un déterminant au bon endroit.

un | une | des

sacs | peigne | aspirateurs | table

aspirateur | tables | peignes | sac

Il y en a **un seul** ou **une seule**.	Il y en a **plusieurs**.
→	→
→	→
→	→
→	→

P1

2 Je classe les mots dans l'ordre alphabétique

1 2 3 4 5

Écris les noms dans l'ordre alphabétique.

zoo — lait — nounours
banane — univers — satellite
wagon — pigeon — fête
histoire

→ ami
→ b
→ départ
→
→ gouter
→
→ ile
→
→ maman
→
→ olive
→
→ route
→
→ tente
→
→ vacances
→
→ yeux
→

Colorie l'initiale de chaque mot.

3 Je comprends ce qui est « caché » dans un texte

1 2 3 4 5 ... 26 27 28 29

Lis attentivement le texte pour bien comprendre.

Julien s'installa sur la selle,
mit son casque et démarra.

Réponds à la question.

- Que fait Julien ?

Dans le texte, souligne les indices qui t'ont permis de répondre.

4 Je découvre le singulier et le pluriel des noms

1 2 3 4 5 6 7

Écris chaque nom avec un déterminant au bon endroit.

un — outil — tortue — chaises
des — chaise — étoiles
une — tortues — outils — étoile

Il y en a **un seul** ou **une seule**.

→
→
→
→

Il y en a **plusieurs**.

→
→
→
→

J'écris les mots avec oi, ou, on

Pour commencer

▸ **Écris les mots qui correspondent aux dessins.**

un ______

une ______ e

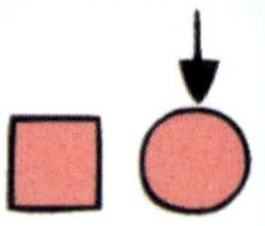

un ______ d

des petits ______ s

un ______

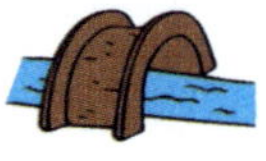

un ______ t

un ______

3

______ s

un ______ c

① J'écris les mots avec oi, ou, on

Pour s'entraîner

1 2 3

▸ **Écris les mots qui correspondent aux dessins avec ces syllabes.**

une ______

un ______

la ______

un ______

un ______

oi	poi
re	bou
che	ton
seau	blou
son	bou

P1

② Je découvre le singulier et le pluriel des noms

1 2 3 4 5 6 7

▶ **Écris chaque nom avec un déterminant au bon endroit.**

un	cadeaux	animal
des	animaux	cheveu
une	cheveux	cadeau

Il y en a **un seul** ou **une seule**.

→ ______

→ ______

→ ______

Il y en a **plusieurs**.

→ ______

→ ______

→ ______

④ Je comprends ce qui est « caché » dans un texte

1 2 3 4 5 ... 26 27 28 29

▶ **Lis attentivement le texte.**

Gaston souffla si fort qu'un peu de sucre glace s'envola du gâteau pour atterrir... sur les lunettes de Tante Suzanne !

▶ **Réponds à la question.**

- Qu'est-ce qu'on fête dans cette famille ?

______

______

▶ **Dans le texte, souligne les indices qui t'ont permis de répondre.**

③ Je classe les mots dans l'ordre alphabétique

1 2 3 4 5

▶ **Écris les adjectifs dans l'ordre alphabétique.**

spécial	bizarre	normal
gentil	pointu	effrayant
unique	fragile	vivant
inquiet	libre	dangereux

→ amusant

→ ______

→ calme

→ ______

→ ______

→ ______

→ ______

→ horrible

→ ______

→ joyeux

→ ______

→ minuscule

→ ______

→ ouvert

→ ______

→ rare

→ ______

→ triste

→ ______

→ ______

▶ **Colorie l'initiale de chaque mot.**

Je comprends des phrases complexes

Pour commencer

Lis attentivement ces phrases.

Le chat qui dort à côté de sa maman est gris, comme elle.

Le vase qui est renversé est jaune.

Le crayon qui n'est pas cassé est vert, l'autre est rouge.

Le livre au-dessus de la pile est noir, celui du dessous est bleu.

Les lunettes qui sont entre les pattes du chat sont orange.

Celles qui sont entre les pieds du fauteuil sont roses.

Continue à colorier le dessin comme indiqué.

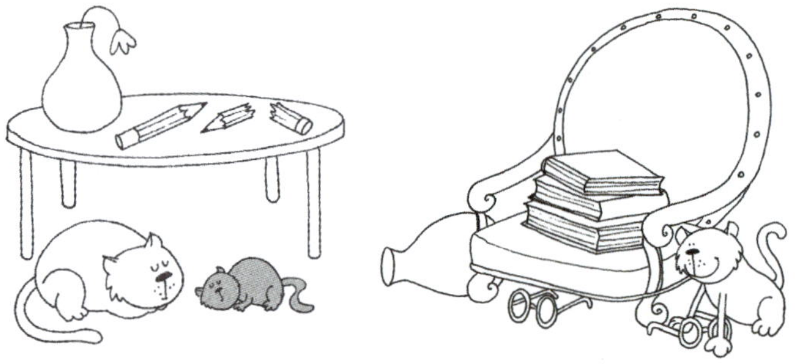

1 Je comprends des phrases complexes

Pour s'entraîner

1 2 3 4

Lis attentivement ces phrases.

La souris qui est à côté de la valise est grise, celle qui est derrière la valise est rose.

Celle qui est sur la valise est brune.

Le téléphone qui est sur la table, derrière le vase, est rouge, comme la valise.

Celui qui est devant le vase est bleu.

Le crayon cassé est de la même couleur que la valise.

Colorie le dessin comme indiqué.

② J'écris les mots avec oi, ou, on

1 2 3

Écris les mots qui correspondent aux dessins avec ces syllabes.

mou · tu · re · le
rou · tron · gou · ci
cou · choir · kan · é
fi · toi · loir · con

un ______________________

un ______________________

un ______________________

un ______________________

une ______________________

de la ______________________

③ Je classe les mots dans l'ordre alphabétique

1 2 3 4 5

Écris les prénoms dans l'ordre alphabétique.

Léo · Hakim · Ilias · Elsa
Albert · Damien · Marie · Karim

→ A______________________
→ Cléo
→ ______________________
→ ______________________
→ Gino
→ ______________________
→ ______________________
→ Julie
→ ______________________
→ ______________________
→ ______________________
→ Noémie

Colorie l'initiale de chaque prénom.

④ Je découvre le singulier et le pluriel des noms

1 2 3 4 5 6 7

Écris chaque nom avec un déterminant au bon endroit.

des · un · une

feu · journaux · bureaux · feux · bureau · journal

Il y en a **un seul** ou **une seule**.	Il y en a **plusieurs**.
→ ______________	→ ______________
→ ______________	→ ______________
→ ______________	→ ______________

P1

Je découvre les familles de mots (1)

Pour commencer

▸ Entoure tous les mots de la famille de **poisson**.

un poisson

des petits pois	une poissonnerie
un poissonnier	du poison
une prison	un poivron
un poil	une poissonnière
du poivre	une poire

Comment sais-tu que les autres mots ne sont pas de la famille de **poisson** ?

1 Je découvre les familles de mots (1)

Pour s'entrainer

1 2 3 4 5 6

▸ Entoure tous les mots de la famille de **chat**.

un chat

une chatte	un chaton
une chatière	un chameau
un château	une écharpe
la chaleur	un chardon
un chapeau	un chapiteau

▸ Entoure tous les mots de la famille de **jardin**.

un jardin

un jardinier	déjà
jaune	le jardinage
jaloux	jamais
une jardinière	un jardinet
un gardien	jardiner

P1

2 Je comprends des phrases complexes

1 2 3 4

Lis attentivement ces phrases.

Le chat qui dort sur la table est noir.

Le vase qui est renversé sur la table est vert. Celui qui est sous la table est rouge.

Le journal qui est sur les livres est jaune.

La souris qui est dans le vase est grise. Celle qui est derrière le vase est brune.

Le chat qui dort sur le fauteuil est de la même couleur que celui qui dort sur la table.

Colorie le dessin comme indiqué.

3 J'écris les mots avec oi, ou, on

1 2 3

Écris les mots qui correspondent aux dessins avec ces syllabes.

ba a re çoi po
ti car bi joux ton
lan vion ron

 un ____________

 une ____________

 des ____________

 un ____________

 un ____________

4 Je découvre le singulier et le pluriel des noms

1 2 3 4 5 6 7

Écris chaque nom avec un déterminant au bon endroit.

un — des — une

couteau cheval jeu
jeux couteaux noyau
noyaux chevaux

Il y en a **un seul** ou **une seule**.

→ ____________

→ ____________

→ ____________

→ ____________

Il y en a **plusieurs**.

→ ____________

→ ____________

→ ____________

→ ____________

J'écris les mots avec i/in, ai/ain

Pour commencer

▶ **Écris les mots qui correspondent aux dessins.**

un f ______ très f ______

une v ______ è ______ très f ______

d ______

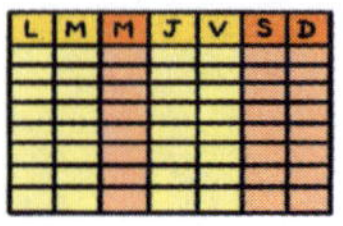

une s ______

un g ______ de blé

une g ______ de haricot

Que remarques-tu ?

1 J'écris les mots avec i/in, ai/ain

Pour s'entraîner

1 2 3

▶ **Écris les mots qui correspondent aux dessins avec ces syllabes.**

un ______

le ______

de la ______

la ______

un ______

mou | lai | re | pou | ne | bai | bain | lin | lain | gnoi

P1

② Je comprends ce qui est « caché » dans un texte

1 2 3 4 5 ... 26 27 28 29

Lis attentivement le texte pour bien comprendre.

Les pneus dérapèrent sur la route enneigée. Manu freina, agrippa de toutes ses forces le volant et finit dans le fossé. Ouf, plus de peur que de mal !

Réponds aux questions.

- Quel véhicule conduit Manu ?

____

- En quelle saison a eu lieu cette histoire ?

____

Dans le texte, souligne les indices qui t'ont permis de répondre.

③ Je découvre le singulier et le pluriel des noms

1 2 3 4 5 6 7

Écris chaque nom avec un déterminant au bon endroit.

une / un / des

nez / radis / noix / souris

Il y en a **un seul** ou **une seule**.

→ ______________________________

→ ______________________________

→ ______________________________

→ ______________________________

Il y en a **plusieurs**.

→ ______________________________

→ ______________________________

→ ______________________________

→ ______________________________

④ Je découvre les familles de mots (1)

1 2 3 4 5 6

Entoure tous les mots de la famille de Terre.

la Terre

terrible
un terrain
terminer
un terrier
atterrir
enterré

Entoure tous les mots de la famille de matin.

le matin

matinal
malin
Martin
la matinée
la maternelle

P1

J'accorde le verbe avec le sujet (1)

Pour commencer

▸ **Pour chaque dessin, écris une phrase avec ces mots.**

 → ______________________

 → ______________________

 → ______________________

 → ______________________

Il | Elle | Ils | Elles

regarde | regardent

la télé.

① J'accorde le verbe avec le sujet (1)

Pour s'entraîner

1 2 3 4

▸ **Pour chaque dessin, écris une phrase avec ces mots.**

Il | Elle | Ils | Elles

joue | jouent

de la guitare. | du violon. | de la trompette. | du piano.

 → ______________________

 → ______________________

 → ______________________

 → ______________________

② Je découvre les familles de mots (1)

1 2 **3** 4 5 6

Entoure tous les mots de la famille d'amis.

des amis

- l'amitié
- américain
- amusant
- amical
- aimer
- une amie

Entoure tous les mots de la famille de fleur.

une fleur

- un fleuriste
- fleurir
- un foulard
- un feu
- un fleuve
- une fleurette

③ Je comprends des phrases complexes

1 2 **3** 4

Lis attentivement ces phrases.

La fleur est rose.

La chatte qui dort est tigrée, comme son chaton.

Le chat à gauche du fauteuil est gris.

Le vase sur la table est jaune, l'autre est vert.

Les lunettes qui ne sont pas entre les pieds du fauteuil sont bleues.

L'autre paire est violette.

Les deux crayons sont orange.

Colorie le dessin comme indiqué.

④ J'écris les mots avec i/in, ai/ain

1 **2** 3

Écris les mots qui correspondent aux dessins avec ces syllabes.

 le ______________________

 un ______________________

 un ______________________

 une ______________________

ca, tai, ne, u, our, co

si, sin, pi, pain, ne

J'écris les mots avec ar/ra, ir/ri, or/ro…

Pour commencer

▸ **Écris les mots qui correspondent aux dessins.**

une ______________________

un ______________________

une ______________________

un ______________________

Il ______________________.

le ______________________

1 J'écris les mots avec ar/ra, ir/ri, or/ro…

Pour s'entraîner

1 2 3

▸ **Écris les mots qui correspondent aux dessins.**

 un ______________________

 un ______________________

 une ______________________

 un ______________________

 un ______________________

 une ______________________

 un ______________________

 un ______________________

P1

❷ J'accorde le verbe avec le sujet (1)

Pour chaque dessin, écris une phrase avec ces mots.

Sujets	Verbes	Compléments
Il	a	des poissons.
Elle	ont	un chat.
Ils		un chien.
Elles		des chats.

→ ____________________

→ ____________________

→ ____________________

→ ____________________

❸ Je comprends ce qui est « caché » dans un texte

Lis attentivement le texte pour bien comprendre.

Maurice composa le numéro et attendit. « Tiens, on dirait que Jules n'est pas chez lui », dit-il en raccrochant.

Réponds aux questions.

- Qu'est-ce qu'a fait Maurice ?

____

- Comment sait-il que Jules n'est pas chez lui ?

____

Dans le texte, souligne les indices qui t'ont permis de répondre.

❹ Je classe les mots dans l'ordre alphabétique

Écris les verbes dans l'ordre alphabétique.

→ allumer
→ ____________________
→ hésiter
→ ____________________
→ ____________________
→ nager
→ ____________________
→ ____________________
→ ____________________

vivre — mordre — chanter — lancer — sortir — quitter

Colorie l'initiale de chaque mot.

J'associe des phrases et des images

Pour commencer

◗ **Observe bien le dessin.**

◗ **Puis barre les phrases qui ne vont pas avec lui.**

- Ils vont à l'école.
- Elles vont à l'école.
- Ils l'emmènent à l'école.
- Elle l'emmène à l'école.
- Nous allons à l'école.
- Elle les emmène à l'école.

① J'associe des phrases et des images

Pour s'entraîner

1 2 3 4 5 6 7 8

◗ **Observe bien le dessin.**

◗ **Puis barre les phrases qui ne vont pas avec lui.**

- Le lapin est plus gros que la carotte.
- La carotte est plus grosse que le lapin.
- La carotte a été déterrée par le lapin.
- Il va les manger.

◗ **Observe bien le dessin.**

◗ **Puis barre les phrases qui ne vont pas avec lui.**

- Il est content parce que la photo est belle.
- Ils regardent une photo.
- La photo est belle parce qu'il est content.
- Il est content qu'elle soit réussie.

② Je découvre les familles de mots (1)

Entoure tous les mots de la famille de jour.

un jour

une joue	bonjour
un journal	une course
une joueuse	un jouet
toujours	une journée

③ J'écris les mots avec i/in, ai/ain

Écris les mots qui correspondent aux dessins avec ces syllabes.

trai — tar — ne — ne — lain

lu — pou — ti — tin — ne

un ____________________

une ____________________

un ____________________

une ____________________

④ J'accorde le verbe avec le sujet (1)

Pour chaque dessin, écris une phrase avec ces mots.

Il		
Elle	patine	sur la glace.
Ils	patinent	sur le trottoir.
Elles		

→ ____________________

→ ____________________

→ ____________________

→ ____________________

Je classe les noms en catégories

Pour commencer

▸ Barre l'intrus qui se trouve parmi ces **mots**.

bus — train — vélo
feu rouge — voiture — avion

▸ Récris les **mots** dans les cadres ci-dessous.

catégorie des **moyens de transport**

① Je classe les noms en catégories

Pour s'entraîner

1 2 3 4 5 6

▸ Barre l'intrus qui se trouve parmi ces **mots**.

tournevis — fourchette — marteau
truelle — pioche — scie

▸ Récris les **mots** dans les cadres ci-dessous.

catégorie des **outils**

P1

② Je découvre le singulier et le pluriel des noms

Écris chaque nom avec un déterminant au bon endroit.

une — croix

un — neveu

des — château

Il y en a **un seul** ou **une seule**.

→ ______________________

→ ______________________

→ ______________________

Il y en a **plusieurs**.

→ ______________________

→ ______________________

→ ______________________

Maintenant, c'est à toi d'écrire les noms au pluriel !

③ Je comprends des phrases complexes

Lis attentivement ces phrases.

Le fauteuil a des rayures bleues et jaunes.

Le crayon qui est sur la table est vert.

Celui qui est en dessous est rouge.

Le troisième est rose.

Le chat qui dort sur le fauteuil est gris.

Celui qui dort sous la table est noir.

Celui qui est derrière le fauteuil est roux.

Celui qui est entre le fauteuil et la table est brun.

Colorie le dessin comme indiqué.

④ J'écris les mots avec ar/ra, ir/ri, or/ro...

Écris les mots qui correspondent aux dessins.

 un ______________________

 une ______________________

 une ______________________

 un ______________________

 un ______________________

 une ______________________

 un ______________________

 du ______________________

Je découvre le passé, le présent et le futur

Pour commencer

Complète les phrases à l'aide de ces étiquettes.

je dormirai sans lui.

j'y arrive.

- Avant, je n'**arrivais** pas à grimper aux arbres.
  Maintenant, ______________________

- Je **dors** encore avec mon doudou.
  Mais bientôt, ______________________

Dans ces phrases, entoure les verbes.

Comment as-tu fait pour reconnaitre les verbes ?

1 Je découvre le passé, le présent et le futur

Pour s'entrainer

1 2 3 4 5 6 7

Complète les phrases à l'aide de ces étiquettes.

j'en ai un.

je ne faisais jamais de gâteaux.

j'étais au CP.

- L'année dernière, ______________________
  Cette année, je suis en CE1.

- Avant, je n'avais pas d'ordinateur.
  Maintenant, ______________________
- Avant, ______________________
  Maintenant, j'en fais souvent.

Dans ces phrases, entoure les verbes.

❷ Je découvre les familles de mots (1)

1 2 3 4 **5** 6

Entoure tous les mots de la famille de mer.

la mer

un marin	la mère
maritime	mardi
merci	la marine

Entoure tous les mots de la famille de dessin.

un dessin

un dessinateur	dessiner
desserrer	un dessert
une dessinatrice	dessus

❸ Je comprends ce qui est « caché » dans un texte

1 2 ... 4 5 **6** 7 ... 28 29

Lis attentivement le texte pour bien comprendre.

« Nous nous sommes bien amusés à la patinoire. Je ne suis tombée qu'une fois ! Mais maman, je suis désolée, j'ai oublié mon écharpe dans le vestiaire…

- Tu es vraiment étourdie ! »

Réponds aux questions.

- Qui est allé à la patinoire : deux sœurs, ou un frère et une sœur ?

____

- Qui a oublié son écharpe ?

____

____

Dans le texte, souligne les indices qui t'ont permis de répondre.

❹ J'accorde le verbe avec le sujet (1)

1 2 3 **4**

Pour chaque dessin, écris une phrase avec ces mots.

Il Ils Elle Elles

achète achètent

des bonbons. une glace.

→ ______________________________

____

→ ______________________________

____

→ ______________________________

____

J'écris les mots avec ai, an, au, eau

Pour commencer

▶ **Écris les mots qui correspondent aux dessins.**

une ______ ai ______

la F ______ ce

une ______

un ______

Il est ch ______ .

Elle ______ .

① J'écris les mots avec ai, an, au, eau

Pour s'entraîner

1 2 3

▶ **Écris les mots qui correspondent aux dessins avec ces syllabes.**

un ______

un ______

une ______

un ______

un ______

un ______

lai	ba
ti	paud
en	lan
ar	é
chaut	clair
ba	fant
ce	cra

P1

❷ Je classe les noms en catégories

1 **2** 3 4 5 6

Barre l'intrus qui se trouve parmi ces mots.

coccinelle — grenouille — guêpe

fourmi — abeille — mouche

Récris les mots dans les cadres ci-dessous.

catégorie des **insectes**

❸ J'associe des phrases et des images

1 **2** 3 4 5 6 7 8

Observe bien le dessin.

Barre les phrases qui ne vont pas avec lui.

- Ils courent dans la rue.
- Il court dans la rue.
- Les quatre sportifs se reposent.
- Le chien court derrière eux.

❹ Je découvre le passé, le présent et le futur

1 **2** 3 4 5 6 7

Complète les phrases à l'aide de ces étiquettes.

je l'essuie souvent. — je le suis ! — il a quatre ans.

- Avant, je n'étais pas gourmand. Maintenant, ____________________
- Avant, je n'essuyais jamais la vaisselle. Maintenant, ____________________
- L'année dernière, Tom avait trois ans. Maintenant, ____________________

Dans ces phrases, entoure les verbes.

Je choisis les bons déterminants

Pour commencer

▶ **Pour chaque dessin, écris une phrase avec ces mots.**

enfant | enfants | oiseau | oiseaux | observe | observent

→ ______________________________

____

→ ______________________________

____

① Je choisis les bons déterminants

Pour s'entrainer

▶ **Pour chaque dessin, écris une phrase avec ces mots.**

princesse | princesses | enfant | enfants | rencontrent | rencontre

→ ______________________________

____

→ ______________________________

____

dragon | dragons | chevalier | chevaliers | attaque | attaquent

→ ______________________________

____

→ ______________________________

____

② Je découvre les familles de mots (1)

1 2 3 4 5 6

Entoure tous les mots de la famille de glace.

une glace

un glacier — un gland
un glaçon — une glacière
du verglas — glisser

Entoure tous les mots de la famille de cheval.

un cheval

un cavalier — chevaucher
la cheville — le chevalier
un cheveu — un chevreuil

③ J'écris les mots avec ar/ra, ir/ri, or/ro...

1 2 3

Écris les mots qui correspondent aux dessins.

 une ____________

 une ____________

 une ____________

 une ____________

 une ____________

 un ____________

 une ____________

④ Je découvre le passé, le présent et le futur

1 2 3 4 5 6 7

Complète les phrases à l'aide de ces étiquettes.

je saurai bientôt. — Je ne joue pas encore de tambour, — Je n'arrive pas encore à siffler,

- ____________________ mais j'en jouerai bientôt.
- Je ne sais pas encore faire mes lacets, mais ____________________
- ____________________ mais bientôt, j'y arriverai !

Dans ces phrases, entoure les verbes.

J'écris les mots avec g ou gu

Pour commencer

▸ **Écris les mots qui correspondent aux dessins.**

une ______

une ______

une ______

le ______

un ______

J'ai mal à la ______.

Comprends-tu quand il faut utiliser **g** ? Quand il faut utiliser **gu** ?

1 J'écris les mots avec g ou gu

Pour s'entraîner

1 2 3

▸ **Écris les mots qui correspondent aux dessins avec ces syllabes.**

un ______

un ______

une ______

une ______

un ______

du ______

gar	ma
sin	çon
de	ga
o	gom
guet	gre
mu	lan
guir	me

P2

② Je comprends ce qui est « caché » dans un texte

1 2 ... 5 6 7 8 ... 28 29

Lis attentivement le texte pour bien comprendre.

Guillaume avait mal au ventre maintenant…
Comme il regrettait sa bêtise !
Maman entra dans sa chambre
et lui demanda : « Dis donc, Guillaume,
tu n'aurais pas vu la boite de chocolats
que j'ai achetée hier ? »

Réponds à la question.

- Quelle bêtise Guillaume a faite ?

____

____

____

Dans le texte, souligne les indices qui t'ont permis de répondre.

③ Je classe les noms en catégories

1 2 3 4 5 6

Barre l'intrus qui se trouve parmi ces mots.

rugby | musique | football | course | basket | tennis

Récris les mots dans les cadres ci-dessous.

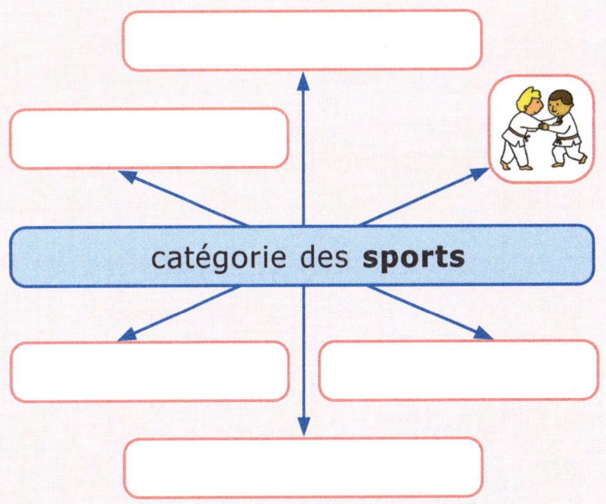

④ Je choisis les bons déterminants

1 2 3 4 5

Pour chaque dessin, écris une phrase avec ces mots.

chameau | chameaux | voyageur | voyageurs | croise | croisent

→ ________________________________

____

→ ________________________________

____

Choisis les bons déterminants :
le, la, l', les, un, une, des.

Je fais attention à tous les détails de la phrase

Pour commencer

Pour chaque phrase, entoure le bon dessin.

- J'ai une ampoule, mais pas de fil.

- Je n'ai ni roue ni moteur.

- Je suis toujours en papier, jamais en tissu.

1 Je fais attention à tous les détails de la phrase

Pour s'entrainer

1 2 3 4 5 6 7

Pour chaque phrase, entoure le bon dessin.

- Je sers à peindre les murs, mais je ne roule pas.

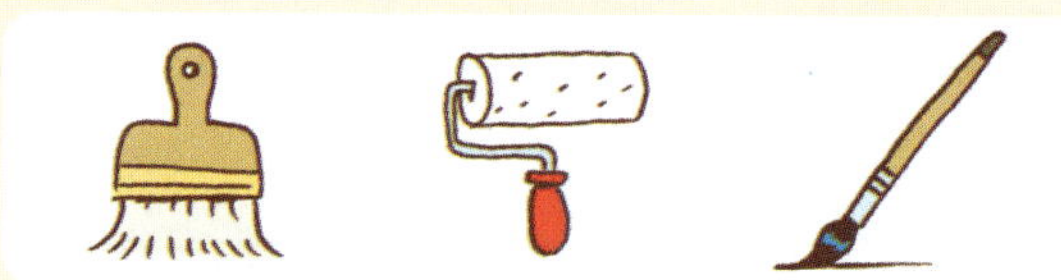

- Je roule, mais je n'ai ni quatre roues, ni deux roues.

- Je suis un pinceau, mais je ne suis pas très fin.

- J'ai un fil, mais pas d'ampoule.

- J'ai une couverture et beaucoup de pages. On peut m'ajouter ou m'enlever des pages.

- Je sers à écrire, mais je n'ai pas de capuchon.

② J'écris les mots avec g ou gu

1 **2** 3

Écris les mots qui correspondent aux dessins avec ces syllabes.

gue pe ti gui

grou ba guê gre

pe don

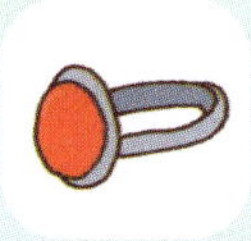
une ____________________

un ____________________

une ____________________

un ____________________

un ____________________

③ Je découvre le passé, le présent et le futur

1 2 3 **4** 5 6 7

Entoure les verbes qui conviennent.

Hier, je suis allé chez la dentiste.

J'**ai attendu** / j'**attends** un peu,

puis elle m'**a demandé** / **me demande**

de m'assoir sur un grand fauteuil.

J'**ai** / J'**avais** / J'**aurai** peur

qu'elle trouve une carie.

J'**ouvre** / J'**ai ouvert**

très grand la bouche

et elle **examinera** / **a examiné**

toutes mes dents.

Je **suis retourné** / **retournerai**

la voir bientôt.

④ Je classe les noms en catégories

1 2 3 **4** 5 6

Barre l'intrus qui se trouve parmi ces mots.

lit armoire étagère bureau buffet salon

Récris les mots dans les cadres ci-dessous.

catégorie des **meubles**

Je comprends des mots qui ont plusieurs sens

Pour commencer

Lis les phrases et observe bien les dessins.

- Au réveillon, Papy a coupé la buche.
- Ce matin, Papy a coupé des buches.
- J'ai acheté une buche chez le pâtissier.
- Mets une buche dans le feu.
- Tu veux une part de buche ?
- Elle est bonne, cette buche !

Ci-dessus, entoure le nom buche et les dessins avec la couleur de la bonne définition.

buche : morceau de bois coupé pour faire du feu

buche : gâteau que l'on mange à Noël

1 Je comprends des mots qui ont plusieurs sens

Pour s'entrainer

1 2 3 4 5 6 7 8 9

Lis les phrases et observe bien les dessins.

- Papa fait la cuisine.
- Ta cuisine est magnifique.
- Qui fait la cuisine ce soir ?
- Papa a refait la cuisine.
- Il faudrait repeindre la cuisine.
- Ta cuisine est délicieuse !

Ci-dessus, entoure le nom cuisine et les dessins avec la couleur de la bonne définition.

cuisine : pièce de la maison où l'on prépare à manger

cuisine → faire la cuisine : préparer à manger

❷ J'associe des phrases et des images

1 2 **3** 4 5 6 7 8

- **Observe bien chaque dessin.**
- **Puis barre les phrases qui ne vont pas avec eux.**

- Le monsieur chauve pleure très fort.
- Ils pleurent très fort.
- Il pleure tellement que son nez est tout rouge.
- Il ferme les yeux parce qu'il dort.

- Il a un rhume parce qu'il se mouche.
- Il se mouche depuis qu'il a un rhume.
- S'il a un rhume, c'est parce qu'il a un mouchoir.
- S'il a un mouchoir, c'est parce qu'il a un rhume.

❸ J'écris les mots avec ai, an, au, eau

1 **2** 3

- **Écris les mots qui correspondent aux dessins avec ces syllabes.**

dau · meau · peau · man · é · dra · teau · lé · phin · phant · cha

un ______________________

un ______________________

un ______________________

un ______________________

un ______________________

❹ Je choisis les bons déterminants

1 2 **3** 4 5

- **Pour chaque dessin, écris une phrase avec ces mots.**

musiciens · tape · sur le tambour. · musicien · tapent · sur les tambours.

→ ______________________

____

→ ______________________

____

Choisis les bons déterminants : **le**, **la**, **l'**, **les**, **un**, **une**, **des**.

J'accorde le verbe avec le sujet (2)

Pour commencer

▸ **Pour chaque dessin, écris deux phrases différentes avec ces mots.**

l' | les | lions | explorateur | ... | observ

→

→

le | les | pompiers | médecin | ... | aid

→

→

1 J'accorde le verbe avec le sujet (2)

Pour s'entrainer

1 2 3 4

▸ **Pour chaque dessin, écris deux phrases différentes avec ces mots.**

le | les | prennent | prend | passagers | bus

→

→

Lina | les petits oiseaux | regarde | regardent

→

→

P2

② J'écris les mots avec g ou gu

1 2 3

Écris les mots qui correspondent aux dessins avec ces syllabes.

re | teau | gu | es | gâ
dra | le | got | vir | car
gon | ta | gui

une ______________________

un ______________________

une ______________________

un ______________________

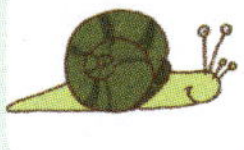

un ______________________

③ Je comprends ce qui est « caché » dans un texte

1 2 ... 6 7 8 9 ... 28 29

Lis attentivement le texte pour bien comprendre.

Dans le salon, c'est la catastrophe :
le plafond est taché,
il y a une grosse flaque sur le parquet
et le canapé est transformé
en éponge géante…

Réponds à la question.

- Que s'est-il passé ?

____
____
____
____
____

Dans le texte, souligne les indices qui t'ont permis de répondre.

④ Je classe les noms en catégories

1 2 3 4 5 6

Barre l'intrus qui se trouve parmi ces mots.

tabouret | fauteuil | banc | lit | canapé | pouf

Récris les mots dans les cadres ci-dessous.

catégorie des **sièges**

J'écris les mots avec elle, ette, esse, enne, erre

Pour commencer

▶ **Écris les mots qui correspondent aux dessins.**

une suc ____________

Il le ____________ .

une ____________

une ant ____________

une ____________

un ____________

① J'écris les mots avec elle, ette, esse, enne, erre

Pour s'entraîner

1 2 3

▶ **Écris les mots qui correspondent aux dessins avec ces débuts et ces fins de mots.**

le ____________

une ____________

de la ____________

une ____________

la ____________

une ____________

fic	esse
crev	elle
princ	ette
T	erre
tonn	enne
chi	erre

❷ J'accorde le verbe avec le sujet (2)

1 2 3 4

Observe le dessin et écris deux phrases différentes avec ces mots.

maitresses — bonjour — les — dit

aux — disent — Max — à

→ ____

→ ____

❸ Je comprends des mots qui ont plusieurs sens

1 2 3 4 5 6 7 8 9

Lis les phrases et observe bien les dessins.

- C'est difficile de manger avec des baguettes !
- Cette baguette est rassise.
- Va à la boulangerie et achète deux baguettes.
- J'ai tapé trop fort, j'ai cassé une baguette !

Ci-dessus, entoure le nom baguette et les dessins avec la couleur de la bonne définition.

baguette : long morceau de bois pour jouer du tambour

baguette : sorte de pain long et mince

baguette : fin morceau de bois utilisé en Asie pour manger

❹ Je fais attention à tous les détails de la phrase

1 2 3 4 5 6 7

Pour chaque phrase, entoure le bon dessin.

- J'ai des griffes, mais je ne suis pas dangereux.

- Je vis dans la mer, mais je ne suis pas un poisson.

- Je ressemble à un verre, mais avec une anse.

- Je suis un instrument, mais je n'ai pas de cordes.

Je comprends où commence et où finit une phrase

Pour commencer

Lis ces phrases.

dans la forêt tout est tranquille les animaux dorment

à genoux, Lina observe les oiseaux vont-ils s'envoler

Ajoute les majuscules et les signes de ponctuation . ? ! là où il faut.

1 Je comprends où commence et où finit une phrase

Pour s'entraîner

1 2 3 4 5 6 7 8

Récris les phrases en ajoutant les majuscules et les signes de ponctuation. . ? !

- Élodie adore les marionnettes elle prépare un petit spectacle

→ ______________________________

____

____

- Adèle rentre de l'école son chien est content de la revoir

→ ______________________________

____

____

Souligne en bleu les phrases déclaratives, en vert les phrases interrogatives, en noir les phrases impératives.

② J'associe des phrases et des images

1 2 3 **4** 5 6 7 8

- **Observe bien chaque dessin.**
- **Barre les phrases qui ne vont pas avec eux.**

- Elles les regardent.
- Elles la regardent.
- Elle la regarde.
- Elle les regarde.

- Elle l'aide à mettre ses chaussures.
- Elle l'aide parce que c'est un bébé.
- Elles mettent leurs chaussures.
- Elle lui remet ses chaussures.

③ Je comprends des mots qui ont plusieurs sens

1 2 **3** 4 5 6 7 8 9

- **Lis les phrases et observe bien les dessins.**

- « Promenons-nous dans les bois… »
- J'aime toucher le bois.
- Il s'est perdu dans le bois.
- Ce jouet est en bois.
- Le loup habite au fond du bois.
- Le pirate a une jambe de bois.

- **Ci-dessus, entoure le nom bois et les dessins avec la couleur de la bonne définition.**

bois : matière dont les arbres sont faits

bois : petite forêt

④ J'écris les mots avec elle, ette, esse, enne, erre

1 **2** 3

- **Écris les mots qui correspondent aux dessins avec ces débuts et ces fins de mots.**

pi | ant | tigr | sauter | coccin | gaz

elle | esse | erre | enne

 une ____________________

 une ____________________

 une ____________________

 une ____________________

 une ____________________

 une ____________________

Je découvre les diminutifs

Pour commencer

▸ **Relie les mots qui se ressemblent.**

blouson ●	● bague
éléphanteau ●	● garçon
baguette ●	● éléphant
fillette ●	● chaton
chat ●	● fille
garçonnet ●	● blouse

▸ **Quelle est la différence entre une fillette et une fille ?**

→ ______________________________

____

▸ **Fais le même travail pour les autres paires de mots.**

Comment forme-t-on les diminutifs ?

1 Je découvre les diminutifs

Pour s'entraîner

1 2 3 4 5 6 7

▸ **Comme dans l'exemple, complète les phrases avec c'est ou ce n'est pas et les mots manquants.**

- Une clochette, **c'est une petite cloche.**
- Une raquette, ______________________ un petit rat.
- Une chemisette, ______________________.
- Une violette, ______________________ un petit violon.
- Une fillette, ______________________.
- Une roulette, ______________________.

P2

❷ Je choisis les bons déterminants

1 2 3 4 5

Pour chaque dessin, écris une phrase avec ces mots.

otarie | otaries | poisson | poissons | mange | mangent

→ ______________________________

→ ______________________________

❸ Je comprends ce qui est « caché » dans un texte 9

1 2 ... 8 9 10 11 ... 28 29

Lis attentivement le texte pour bien comprendre.

« Quand j'ai ouvert la boite, j'ai vu qu'ils étaient tous cassés !

– Eh bien, on mangera une omelette ce soir ! »

Réponds à la question.

- Qu'est-ce qui est cassé ?

____

Dans le texte, souligne les indices qui t'ont permis de répondre.

❹ J'écris les mots avec elle, ette, esse, enne, erre

1 2 3

Écris les mots qui correspondent aux dessins avec ces débuts et ces fins de mots.

nois | musici | éch | adr | v | sécher

elle | esse | ette | erre | enne

 une ______________

 une ______________

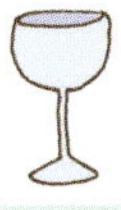 un ______________

 une ______________

 une ______________

 la ______________

Je reconnais le verbe et le nom (1)

Pour commencer

▶ **Écris ces mots dans la bonne colonne.**

éplucher | gâteau | cuire | étaler | tarte | carotte | salade | couper | nettoyer | four | évier

Verbes	Noms
→ ______	→ la tarte
→ ______	→ ______
→ ______	→ ______
→ ______	→ ______
→ ______	→ ______
→ ______	→ ______

Comment reconnais-tu les noms ? Comment reconnais-tu les verbes ?

① Je reconnais le verbe et le nom (1)

Pour s'entraîner

1 2 3 4 5

▶ **Écris ces mots dans la bonne colonne.**

bronzer | plage | océan | courir | sable | nager | creuser | vacances

Verbes	Noms
→ ______	→ ______
→ ______	→ ______
→ ______	→ ______
→ ______	→ ______

Écris **le**, **la**, **l'** ou **les** devant les noms.

P2

❷ Je découvre les diminutifs

1 **2** 3 4 5 6 7

Complète les phrases avec c'est ou ce n'est pas et les mots manquants.

- Une casquette, ______________________ un petit casque.
- Une camionnette, ______________________.
- Une omelette, ______________________ un petit homme.
- Une gouttelette, ______________________.
- Une maisonnette, ______________________.
- Une balayette, ______________________.

❸ J'écris les mots avec ai, an, au, eau

1 2 **3**

Écris les mots qui correspondent aux dessins avec ces syllabes.

bran | teur | chan | ca | se | frai | deau | che

 un ______________________

 une ______________________

 un ______________________

 une ______________________

❹ Je fais attention à tous les détails de la phrase

1 2 **3** 4 5 6 7

Pour chaque phrase, entoure le bon dessin.

- J'ai quatre pieds, mais pas de dossier.

- Je roule et j'ai un moteur.

- Je roule dans l'herbe, mais je n'ai pas de roues.

- J'ai une couverture, mais je ne suis pas en papier.

J'écris les mots avec s ou ss

Pour commencer

▸ **Écris ces mots avec s ou ss.**

une

un

un eau

il

une

une ai

▸ **Lis ces paires de mots.**

un cousin / un coussin

du poison / un poisson

Lise / lisse

Pourquoi ces mots ne se prononcent-ils pas pareil ?

① J'écris les mots avec s ou ss

Pour s'entraîner

1 2 3

▸ **Écris les mots qui correspondent aux dessins.**

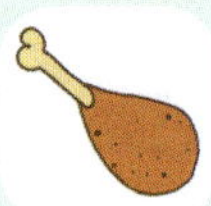
une

une cai

une mai

du

une frai

une

une

un h

P2

② Je découvre les diminutifs

1 2 3 4 5 6 7

Complète les phrases avec c'est ou ce n'est pas et les mots manquants.

- Une poulette, ______________________________.
- Une banquette, ______________________ une petite banque.
- Une tartelette, ______________________________.
- Une moquette, ______________________ une petite moquerie.
- Une baguette, ______________________ une petite bague.

③ J'associe des phrases et des images

1 2 3 4 5 6 7 8

Observe bien chaque dessin.

Puis barre les phrases qui ne vont pas avec eux.

- Elle s'est drôlement salie !
- Elle a joué dans la boue.
- Elle est sale de la tête aux pieds.
- Il faudra qu'elle prenne une douche.

- Si elle l'arrose tous les jours, elle poussera bien.
- Elle pousse bien pour qu'elle l'arrose.
- Comme elle l'arrose tous les jours, elle pousse bien.
- La fleur est arrosée par la petite fille.

④ Je découvre le passé, le présent et le futur

1 2 3 4 5 6 7

Entoure les verbes qui conviennent.

Moi, j'**adorais** / j'**adore** / j'**adorerai** le foot !

Tous les samedis, je **vais** / j'**allais** / j'**irai** au stade pour m'entrainer.

Et l'année prochaine, je **faisais** / **fais** / **ferai** des vrais matchs.

Mes copains **aimaient** / **aiment** / **aimeront** jouer avec moi.

Quand je serai grand, j'**étais** / je **serai** / je **suis** footballeur professionnel.

Peut-être qu'avec l'équipe de France, je **gagnais** / **gagne** / **gagnerai** la Coupe du monde !

J'adapte ma lecture au fil du texte

Pour commencer

- **Lis les phrases les unes après les autres.**
- **Au fur et à mesure de ta lecture, barre les dessins qui ne vont pas avec ce que tu lis.**

Ses cheveux étaient magnifiques.

Elle aimait passer du temps à les brosser et à les peigner.

Elle n'allait presque jamais chez le coiffeur, car elle voulait garder ses cheveux longs.

Quels détails t'ont permis de trouver le bon dessin ?

1 J'adapte ma lecture au fil du texte

Pour s'entraîner

1 2 3 4 5

- **Lis attentivement le texte pour bien comprendre.**

Ils sont prêts pour le grand soir.

Ils se sont bien entrainés ; ils espèrent gagner la compétition !

Dans l'immense patinoire, la musique commence

et ils se mettent à danser.

- **Au fur et à mesure de ta lecture, barre les dessins qui ne vont pas avec le texte.**

P2

② Je comprends des mots qui ont plusieurs sens

1 2 3 **4** 5 6 7 8 9

Lis les phrases et observe bien les dessins.

- J'ai dépensé dix euros en courses.
- On fait la course ?
- Tu as encore des courses à faire ?
- J'ai gagné les deux courses !
- Tu fais les courses ?
- J'adore la course à pied.

Ci-dessus, entoure le nom course et les dessins avec la couleur de la bonne définition.

course → faire des courses : faire des achats

course → faire la course : courir pour arriver le premier

③ J'écris les mots avec s ou ss

1 **2** 3

Écris les mots qui correspondent aux dessins.

une ____________________

une ____________________

une ____________________

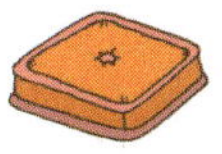

un ____________________

une ____________________

un ____________________

④ Je comprends où commence et où finit une phrase

1 **2** 3 4 5 6 7 8

Récris les phrases en ajoutant les majuscules et les signes de ponctuation. . ? !

- Hélène nourrit les oiseaux en hiver venez, venez, les petits amis

____

____

- qui passe l'aspirateur c'est Jean pour aider ses parents

____

____

Souligne en bleu les phrases déclaratives, en vert les phrases interrogatives, en noir les phrases impératives.

❶ Je comprends des mots qui ont plusieurs sens

Pour s'entrainer

1 2 3 4 **5** 6 7 8 9

Lis les phrases et observe bien les dessins.

- Il faut que j'étudie ce dossier demain.
- Le dossier de cette chaise n'a pas l'air pas très solide.
- Le médecin a parcouru mon dossier médical.
- Les tabourets n'ont pas de dossier.
- Une grosse pile de dossiers encombre le bureau de la directrice.
- J'ai mal au dos, je vais m'assoir dans ce fauteuil au dossier moelleux.

Ci-dessus, entoure le nom dossier et les dessins avec la couleur de la bonne définition.

dossier : partie d'un siège où l'on appuie son dos.

dossier : ensemble de documents rangés dans une chemise en carton.

❷ Je découvre les diminutifs

1 2 3 **4** 5 6 7

Complète les phrases avec c'est ou ce n'est pas et les mots manquants.

- Un chaton, ______________________ un petit chat.
- Un bouchon, ______________________ une petite bouche.
- Un ourson, ______________________.
- Un ânon, ______________________.
- Un grillon, ______________________ une petite grille.
- Un girafon, ______________________.

P2

③ Je découvre le passé, le présent et le futur

1 2 3 4 5 **6** 7

Entoure les verbes qui conviennent.

La chatte de ma grand-mère a eu trois chatons.

Elle m'en **a donné** / **donne** / **donnera** un.

Mon chat, c'**était** / **est** / **a été** mon meilleur ami.

Quand je rentre de l'école, il se **frottait** / **frotte** / **frottera** toujours contre mes jambes.

Quand ma petite sœur **était** / **est** / **sera** plus grande, elle **avait** / **a** / **aura** aussi un chat.

④ J'écris les mots avec s ou ss

1 2 **3**

Écris les mots qui correspondent aux dessins.

 une ____________

 un ____________

 un ____________

 une ____________

 de la ____________

 de la ____________

⑤ Je fais attention à tous les détails de la phrase

1 2 3 **4** 5 6 7

Pour chaque phrase, entoure le bon dessin.

- J'ai un écran, mais pas de clavier.

- Je ressemble à un parapluie, mais je protège du soleil.

- On me trouve à la cuisine, mais jamais au salon.

- Je peux t'éblouir, mais pas la nuit.

- Je ne roule pas, mais je vole.

J'écris les mots avec rt, rp, rs, st, str…

Pour commencer

Écris les mots qui correspondent aux dessins.

un

une

un

un orch

une

un

le mois d'

un

un

1 J'écris les mots avec rt, rp, rs, st, str…

Pour s'entraîner

1 2 3

Écris les mots qui correspondent aux dessins.

un

un

un

du

une

un

un

l'

❷ Je reconnais le verbe et le nom (1)

1 2 3 4 5

Écris ces mots au bon endroit.

ciseaux · crayons · écrire · tailler · effacer · dessiner · stylo · gomme

Verbes

→ ______________________

→ ______________________

→ ______________________

→ ______________________

Noms

→ ______________________

→ ______________________

→ ______________________

→ ______________________

Écris **le**, **la**, **l'** ou **les** devant les noms.

❸ Je comprends ce qui est « caché » dans un texte

1 2 ... 8 9 10 11 ... 28 29

Lis attentivement le texte pour bien comprendre.

Misty tremblait de tout son corps.
Coincée au fond de son trou,
elle voyait les griffes de Minou
qui essayaient de l'attraper...

Réponds aux questions.

- Qui est Misty ?

____

____

____

- Pourquoi tremble-t-elle ?

____

____

____

Dans le texte, souligne les indices qui t'ont permis de répondre.

❹ Je découvre les diminutifs

1 2 3 4 5 6 7

Complète les phrases avec c'est ou ce n'est pas et les mots manquants.

- Un garçonnet, ______________________ un petit garçon.
- Un jardinet, ______________________.

- Un coffret, ______________________.
- Un bâtonnet, ______________________.
- Un bouquet, ______________________ un petit bouc.

- Un muret, ______________________.

Je conjugue les verbes au présent avec **il, elle** ou **ils, elles**

Pour commencer

- **Complète les phrases avec le verbe et la terminaison qui conviennent.**

mang | cach | chant | e | ent

Elle ______________________ fort.

Il ______________________ un sandwich.

Elles ______________________ fort.

Ils ______________________ un sandwich.

Ils se ______________________ dans un carton.

- **Souligne les lettres qui montrent que l'on est au pluriel.**

1 Je conjugue les verbes au présent avec **il, elle** ou **ils, elles**

Pour s'entraîner

1 2 3

- **Complète les phrases avec le verbe et la terminaison qui conviennent.**

jou | montr | cach | donn | e | ent

Elles ______________________ leur dessin.

Elles ______________________ à la marelle.

Elles ______________________ un cadeau.

Il se ______________________ dans un carton.

P2

② J'adapte ma lecture au fil du texte

1 2 3 4 5

Lis attentivement le texte pour bien comprendre.

Il monte, il monte, il monte encore.
Les cuisses commencent à lui faire mal.
Pourtant, il est encore loin du sommet…
Une drôle de course tout de même,
qui se termine tout en haut du dernier
étage du plus haut immeuble de Paris !

Barre les dessins qui ne vont pas avec le texte.

③ J'écris les mots avec rt, rp, rs, st, str…

1 2 3

Écris les mots qui correspondent aux dessins.

 un ____________

 une ____________

 un ____________

 un ____________

 une ____________

 elle ____________

④ Je comprends des mots qui ont plusieurs sens

1 2 3 4 5 6 7 8 9

Lis les phrases et observe bien les dessins.

- Tu m'apprendras à faire la planche ?
- Tu m'apprendras à scier une planche ?
- Tu m'apprendras à faire de la planche ?
- Il faut que je répare cette planche qui grince.

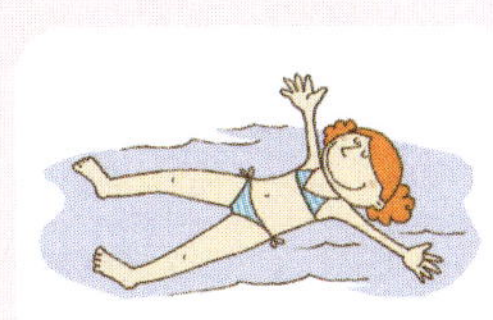

Ci-dessus, entoure le nom planche et les dessins avec la couleur de la bonne définition.

planche : morceau de bois scié et raboté

planche → planche à roulettes : skateboard

planche → faire la planche : flotter à la surface de l'eau

Je maitrise l'apostrophe et les liaisons

Pour commencer

- **Lis chaque ligne en traçant un trait pour séparer les mots.**
- **Puis récris les mots à droite, en ajoutant une apostrophe si nécessaire.**

- l'abeille → l'abeille
- un/arc → un arc
- lavabo → un lavabo
- lasso → ____
- unours → ____
- larbre → ____
- laraignée → ____
- unnombre → ____
- lécureuil → ____
- limace → ____
- unoutil → ____

Pense à ajouter **un déterminant** s'il en manque un.

1 Je maitrise l'apostrophe et les liaisons 359

Pour s'entrainer

1 2 3 4 5

- **Récris les mots avec un n s'il en faut un, ou marque la liaison comme dans l'exemple.**

- un avion → un avion
- un oyau → ____
- un ombril → ____
- un escabeau → ____
- un œud → ____
- un abricot → ____

P2

② Je découvre le passé, le présent et le futur

1 2 3 4 5 6 7

Entoure les verbes qui conviennent.

L'été dernier, Tom est parti à la mer.

Un jour, il **a vu** / **voit** / **voyait** un crabe sur la plage.

D'abord, il **croira** / **croit** / **a cru** qu'il **était** / **sera** / **est** mort car il ne **bougera** / **bouge** / **bougeait** plus.

Alors, du bout du pied, Tom **veut** / **voulait** / **a voulu** le retourner…

Mais le crabe **a pincé** / **pinçait** / **pince** son gros orteil !

Maintenant, Tom sait qu'un crabe en colère, ça **a fait** / **fait** / **faisait** très mal !

③ J'associe des phrases et des images

1 2 3 4 5 6 7 8

Observe bien chaque dessin.

Puis barre les phrases qui ne vont pas avec eux.

- Ils montent pendant qu'il tient l'échelle.
- Ils montent pendant qu'ils tiennent l'échelle.
- Ils tiennent l'échelle pendant qu'il monte.
- Il tient l'échelle pendant qu'il monte.

- Il n'a pas l'air content.
- Elle n'a pas l'air contente.
- Ils sont en colère.
- Elle est très fâchée.

④ Je découvre les diminutifs

1 2 3 4 5 6 7

Complète les phrases avec c'est ou ce n'est pas et les mots manquants.

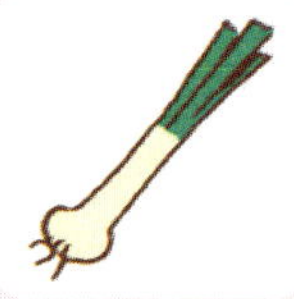

- Un poireau, ______________________ une petite poire.
- Un château, ______________________ un petit chat.
- Un lionceau, ______________________.
- Un renardeau, ______________________ un petit renard.
- Un baleineau, ______________________.
- Un éléphanteau, ______________________.

① Je comprends des mots qui ont plusieurs sens

1 2 3 4 5 6 7 8 9

Lis les phrases et observe bien les dessins.

- J'ai acheté une caisse à outils.
- Il n'y a personne à cette caisse.
- Je joue de la grosse caisse.
- Je passe à la caisse tout de suite.
- J'ai mis la caisse de livres au grenier.
- Ferme le couvercle de cette caisse.
- J'ai perdu la baguette de ma grosse caisse
- Je pose mes courses sur le tapis à la caisse.

Ci-dessus, entoure le nom caisse et les dessins avec la couleur de la bonne définition.

caisse : coffre de rangement

caisse : endroit d'un magasin où l'on paie ses achats

caisse → grosse caisse : gros tambour

② Je classe les noms en catégories

1 2 3 4 5 6

Barre l'intrus qui se trouve parmi ces mots.

orange pomme banane pêche carotte raisin

Récris les mots dans les cadres ci-dessous.

catégorie des ______________

③ Je comprends où commence et où finit une phrase

1 2 **3** 4 5 6 7 8

Récris les phrases en ajoutant les majuscules et les signes de ponctuation. . ? !

- Sarah est sur la balançoire ne va pas trop haut

- la petite fille cueille des fleurs à qui va-t-elle les offrir

Souligne en bleu les phrases déclaratives, en vert les phrases interrogatives, en noir les phrases impératives.

④ Je comprends ce qui est « caché » dans un texte

1 2 ... 10 **11** 12 13 ... 28 29

Lis attentivement le texte pour bien comprendre.

Papa alluma le four et sortit la pizza du congélateur.

Réponds aux questions.

- Où se trouve Papa ?
- Quelle heure est-il ?
  - ❑ 7 heures du matin
  - ❑ 4 heures de l'après-midi
  - ❑ 7 heures du soir

Dans le texte, souligne les indices qui t'ont permis de répondre.

⑤ Je maitrise l'apostrophe et les liaisons

1 **2** 3 4 5

Récris les mots avec un n s'il en faut un, ou marque la liaison comme dans l'exemple.

- un écureuil → un écureuil
- un id →
- un énufar →
- un arc →
- un avire →
- un exercice →
- un ain →
- un ageur →

P2

① Je conjugue les verbes au présent avec il, elle ou ils, elles

Pour s'entraîner

1 2 3

Complète les phrases avec le verbe et la terminaison qui conviennent.

chant | souffl | bross | jou | mang   e | ent

Elle ______________________ fort.

Ils ______________________ bien au foot.

Elle ______________________ dans sa trompette.

Il ______________________ un sandwich.

Elles se ______________________ les dents.

② Je choisis les bons déterminants

1 2 3 4 5

Pour chaque dessin, écris une phrase avec ces mots.

hiboux | chasse | mulots | hibou | chassent | mulot

→ ______________________________________

____

→ ______________________________________

____

N'oublie pas d'ajouter des déterminants : **le**, **la**, **l'**, **les**, **un**, **une**, **des**.

P2

③ J'associe des phrases et des images

1 2 3 4 5 6 **7** 8

Observe bien chaque dessin.

Barre les phrases qui ne vont pas avec eux.

- L'une sourit, l'autre pas.
- Elle se regarde et sourit.
- Elles se regardent.
- Elles se sourient.

- Maman soigne Lucas.
- Lucas est soigné par sa maman.
- Maman s'est fait mal.
- Maman est consolée par Lucas.

④ J'écris les mots avec rt, rp, rs, st, str...

1 2 **3**

Écris les mots qui correspondent aux dessins.

 un ________________

 une ________________

 un ________________ er

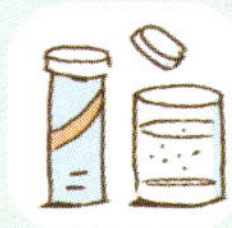 une ________________

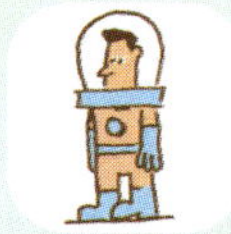 un ________________

 un ________________

⑤ Je comprends des mots qui ont plusieurs sens

1 2 3 4 5 6 7 **8** 9

Lis les phrases et observe bien les dessins.

- J'ai peur des piqures et des aiguilles !
- L'infirmière a cassé son aiguille.
- Quand on marche sur les aiguilles, ça sent bon !
- C'est difficile de passer le fil dans l'aiguille.

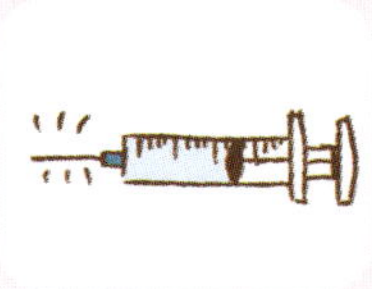

Ci-dessus, entoure le nom aiguille et les dessins avec la couleur de la bonne définition.

aiguille : objet fin et pointu qui sert à coudre

aiguille : elle est au bout de la seringue

aiguille : feuille fine et pointue du pin ou du sapin

❶ Je comprends où commence et où finit une phrase

Pour s'entrainer

1 2 3 4 5 6 7 8

Récris les phrases en ajoutant les majuscules et les signes de ponctuation. . ? !

- Jules est un bon footballeur va-t-il marquer un but

- Paul fait ses devoirs ne te décourage pas

Souligne en bleu les phrases déclaratives, en vert les phrases interrogatives, en noir les phrases impératives.

❷ Je reconnais le verbe et le nom (1)

1 2 3 4 5

Écris ces mots dans la bonne colonne.

décorer | guirlandes | fêter | boules
cadeaux | sapin | ouvrir | offrir | manger | buche

Verbes	Noms
→	→
→	→
→	→
→	→
→	→

Écris **le**, **la**, **l'** ou **les** devant les noms.

③ Je maitrise l'apostrophe et les liaisons

1 2 **3** 4 5

Récris les mots avec un n s'il en faut un, ou marque la liaison.

- un uage → ____________
- un ananas → ____________
- un ez → ____________
- un ombre → ____________
- un ours → ____________
- un outil → ____________
- un anneau → ____________
- un avire → ____________
- un œuf → ____________
- un asticot → ____________

④ J'adapte ma lecture au fil du texte

1 2 **3** 4 5

Lis attentivement le texte pour bien comprendre.

L'œuf se fendille, comme s'il allait éclater.
On voit des petits morceaux de coquille
qui se détachent.
Soudain, une tête apparait :
avec son bec recourbé,
l'oisillon ouvre le passage
et finit par sortir.

Barre les dessins qui ne vont pas avec le texte.

⑤ Je comprends des mots qui ont plusieurs sens

1 2 3 4 5 6 7 8 **9**

Lis les phrases et observe bien les dessins.

- Je rentrerai en retard, il y a un énorme bouchon.
- Tous les soirs, je suis bloqué dans un bouchon.
- Ferme la bouteille avec ce bouchon.
- Le bouchon a sauté au plafond.

Ci-dessus, entoure le nom bouchon et les dessins avec la couleur de la bonne définition.

bouchon : petit objet pour fermer les bouteilles

bouchon : embouteillage sur la route

Je trouve le sujet et le verbe de la phrase (1)

Pour commencer

◗ **Lis attentivement ces deux phrases.**

◗ **Puis barre celle qui ne veut rien dire.**

- Hier, mon petit chien a mordu mes pantoufles !
- Hier, mes pantoufles ont mordu mon petit chien !

◗ **Souligne le sujet et le verbe de la phrase qui a du sens.**

◗ **Maintenant, invente deux phrases à l'aide de ces étiquettes.**

chaque matin | le courrier | le facteur | distribue

- La première phrase a du sens.

→ ______________________________

____

- La deuxième phrase ne veut rien dire.

→ ______________________________

____

Comment as-tu choisi le sujet de la phrase qui a du sens ?
Invente d'autres phrases amusantes qui ne veulent rien dire.

❶ Je trouve le sujet et le verbe de la phrase (1)

Pour s'entraîner

1 2 3 4 5 6

◗ **Lis attentivement ces deux phrases.**

◗ **Puis barre celle qui ne veut rien dire.**

- Le matin, au petit déjeuner,
  Louis avale un grand bol de chocolat.
- Le matin, au petit déjeuner,
  un grand bol de chocolat avale Louis.

◗ **Souligne le sujet et le verbe de la phrase qui a du sens.**

P3

❷ Je maitrise l'apostrophe et les liaisons

- **Relie les lettres qui forment des mots.**
- **Puis ajoute des apostrophes là où il faut.**

J e m ' a p p e l l e	Amélie,
j a i	sept ans,
e t j h a b i t e	à Paris.
J a i	un grand frère
q u i s a p p e l l e	David,
e t j e n a i p a s	de sœur.
J a i m e	chanter,
m a i s j e n a i m e p a s	danser.

❸ Je découvre les diminutifs

- **Complète les phrases avec c'est ou ce n'est pas et les mots manquants.**

- Un chevreau, ______________ une petite chèvre.
- Un troupeau, ______________ ______ un petit trou.

- Un râteau, ______________ ______________
- Un louveteau, ______________ ______ un petit loup.

❹ Je fais attention à tous les détails de la phrase

- **Écris les réponses aux devinettes en t'aidant des dessins.**

- J'ai quatre pieds, mais je ne marche pas. ______________
- On m'allume, on m'éteint. ______________
- J'ai quatre pattes et je marche. ______________
- J'ai des ailes, mais je ne suis pas un oiseau. ______________
- Je suis un oiseau, mais je ne vole pas. ______________
- On m'ouvre, on me ferme. ______________
- On me remplit, on me vide. ______________

Attention, il y a des intrus.

Je forme des mots nouveaux

Pour commencer

Forme tous les nouveaux mots possibles avec ces préfixes, ces verbes et ces adjectifs.

dé in re fermer habité complet boutonner coiffer visible compter

Complète ces phrases en formant des mots qui commencent par dé-, re- ou in-.

- Je cherche un peigne pour me ______________________.
- Le vent a ouvert la fenêtre, je vais la ______________________.
- Il manque deux pièces à ce puzzle : il est ______________________.
- Ce vieux château est en ruines : il est ______________________.

1 Je forme des mots nouveaux

Pour s'entraîner

1 2 3 4

Observe ces exemples.

 visible → in + visible 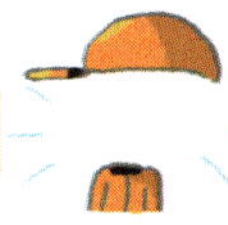 invisible

 branché → dé + branché  débranché

Complète ces phrases en formant des mots avec dé-, re- ou in- et les mots roses.

- Maman **se maquille** le matin et se ______________________ le soir.
- J'ai sorti du pain du **congélateur**. Bientôt, il sera ______________________.
- J'étais bien **coiffé**, mais le vent m'a ______________________.
  Il faut que je me ______________________.
- Certains élèves sont **attentifs**, mais d'autres sont ______________________.

② Je maitrise l'apostrophe et les liaisons

1 2 3 4 5

Relie les lettres qui forment des mots.

Puis ajoute des apostrophes là où il faut.

Le début de ma journée

Tous les matins,

j e m e l è v e	à sept heures,
j e m h a b i l l e	en vitesse,
j a v a l e	un bol de cacao,
j e m e b r o s s e	les dents,
j e m b r a s s e	papa et maman,
j e n f i l e	mon blouson,
j a r r i v e	à l'heure !

③ Je comprends ce qui est « caché » dans un texte

1 2 ... 10 11 12 13 ... 28 29

Lis attentivement le texte pour bien comprendre.

Pour lui faire plaisir, donne-lui
un peu de salade.
Mais si tu touches à ses cornes,
il rentre dans sa coquille !

Réponds à la question.

- De qui parle ce petit texte ?

____

Dans le texte, souligne les indices qui t'ont permis de répondre.

④ Je conjugue les verbes au présent avec il, elle ou ils, elles

1 2 3

Complète les phrases avec le verbe et la terminaison qui conviennent.

attrap plant montr e ent

Il _______________ un papillon.

Elle _______________ son dessin.

Il _______________ un arbre.

Elles _______________ des fleurs.

Pour s'entrainer

① J'accorde le verbe avec le sujet (2)

1 2 **3** 4

Pour chaque dessin, écris deux phrases différentes avec ces mots.

les | chatons | jou | avec | ... | Hugo

→ ______________________________

→ ______________________________

... | joueurs | les | entraineurs | félicit | l'

→ ______________________________

→ ______________________________

② Je reconnais le verbe et le nom (1)

1 2 3 **4** 5

Écris ces mots dans la bonne colonne.

travailler | livre | cahier | exercice | écrire | apprendre | école | lire | leçon | réciter

Verbes	Noms
→ ______	→ ______
→ ______	→ ______
→ ______	→ ______
→ ______	→ ______
→ ______	→ ______

Écris **le**, **la**, **l'** ou **les** devant les noms.

P3

❸ Je comprends où commence et où finit une phrase

1 2 3 4 **5** 6 7 8

Récris les phrases en ajoutant les majuscules et les signes de ponctuation. . ? !

- est-ce que c'est une bonne idée je ne pense pas

Souligne en bleu les phrases déclaratives, en vert les phrases interrogatives, en noir les phrases impératives.

❹ Je fais attention à tous les détails de la phrase

1 2 3 4 5 **6** 7

Écris les réponses aux devinettes en t'aidant des dessins.

- Je roule, mais je n'ai pas de roues.

- Je ne vole pas, je ne nage pas, je ne marche pas.

- Je suis un oiseau et je vole.

- Je ne nage pas, je ne rampe pas, je ne vole pas.

- Je flotte sur l'eau, mais je ne nage pas.

❺ Je forme des mots nouveaux

1 **2** 3 4

Complète les phrases en formant des mots avec dé-, re- ou in- et les mots roses.

- Je suis **descendu** à la cave, mais j'ai oublié de prendre quelque chose : il faudra que j'y ______________.

- Comme j'avais froid, j'avais **boutonné** mon manteau jusqu'en haut. Mais maintenant, j'ai trop chaud : je l'ai ______________.

- La **neige** est tombée la nuit dernière ; alors, nous avons ______________ le trottoir.

Je découpe les mots en syllabes

Pour commencer

Découpe ces mots en syllabes, comme dans les exemples.

bateau → ba/teau
éléphant →
ordinateur →
marteau →
ficelle →
princesse →

Continue à découper les mots en syllabes.

pomme → pom/me
terre →
antenne →
tasse →
accident →
pelouse →
téléphone →

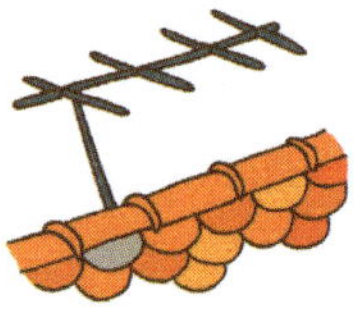

Où coupes-tu les mots lorsqu'il y a deux fois la même consonne ?

1 Je découpe les mots en syllabes

Pour s'entraîner

1 2 3

Récris les mots en les découpant en syllabes.

- déballer →
- Noël →
- réjouir →
- lundi →
- mardi →
- mercredi →
- vendredi →
- samedi →

P3

② J'associe des phrases et des images

1 2 3 4 5 6 7 8

- **Observe bien chaque dessin.**
- **Barre les phrases qui ne vont pas avec eux.**

- Il a bien soufflé ; pourtant, il n'a que trois ans !
- Il y a un gâteau parce que c'est Noël.
- Il souffle les bougies car c'est son anniversaire.

- Elle le chatouille.
- Il la chatouille avec une plume.
- Ils se chatouillent.
- Elle lui chatouille les pieds.
- Il lui chatouille les pieds.

③ J'adapte ma lecture au fil du texte

1 2 3 4 5

- **Lis le texte.**

Dans le pré,
Blanchette broute la bonne herbe verte.
La cloche qu'elle porte au cou
carillonne joyeusement.
Elle surveille son petit qui,
de temps à autre, vient téter son lait.
Mais déjà le soleil se couche :
il est temps de rentrer à la chèvrerie !

- **Barre les dessins qui ne vont pas avec le texte.**

④ J'accorde le verbe avec le sujet (2)

1 2 3 4

- **Pour chaque dessin, écris deux phrases différentes avec ces mots.**

se promèn | les | ... | la | poule | avec | poussins

→ ______________________

→ ______________________

embrass | deux | les | Mamy | enfants | ...

→ ______________________

→ ______________________

Je conjugue les verbes au présent avec nous et vous

Pour commencer

Relie les étiquettes qui vont ensemble.

Ma sœur et moi,	nous nous promenons chaque soir.
Papa et toi,	nous sommes dans la même classe.
Maman, Julie et toi,	nous dormons dans la même chambre.
Mes copines et moi,	vous jouez toutes les trois du violon.
Mon chien et moi,	vous réparez une vieille charrette.

Souligne la terminaison des verbes.

1 Je conjugue les verbes au présent avec nous et vous

Pour s'entraîner

1 2 3

Complète les phrases avec le verbe et la terminaison qui conviennent.

Nous ______________ un bonhomme de neige.

Vous ______________ un livre.

Nous nous ______________ dans un carton.

Vous ______________ votre leçon.

Nous ______________ au rugby.

Nous ______________ à la corde.

cach
jou
fais
appren
saut
lis

ons
ez

P3

❷ Je forme des mots nouveaux

1 2 3 4

Observe l'exemple.

termin | er → in termin able

in able re dé ible

Complète les phrases en formant des mots avec dé-, re-, in-, -able ou -ible et les mots roses.

- J'ai cru que ce film n'allait jamais **se terminer** ! Il était ______________________________.
- J'adore cette voiture : quand il fait beau, on peut enlever la **capote** : elle est ______________________________.
- Ce bruit est vraiment impossible à **supporter** ! Il est ______________________________.
- Cette table est pratique pour les piqueniques : on peut la **monter** et la ranger en quelques minutes. Elle est ______________________________.

❸ Je découpe les mots en syllabes

1 2 3

Récris les mots en les découpant en syllabes.

- oiseau → ______________
- fourchette → ______________
- jouet → ______________
- journal → ______________
- salade → ______________
- facteur → ______________
- ficelle → ______________

❹ Je comprends ce qui est « caché » dans un texte

1 2 ... 10 11 12 13 ... 28 29

Lis le texte.

Pauline sortit de l'eau : elle tremblait de tout son corps. Sa maman l'enroula dans une serviette et la frotta vigoureusement.

Réponds aux questions.

- Où est Pauline ?

____

- Pourquoi tremble-t-elle ?

____

____

Dans le texte, souligne les indices qui t'ont permis de répondre.

Je lis différents types de documents

Pour commencer

Lis attentivement le texte pour bien comprendre.

Le maitre demande :

« Combien d'enfants mangent à la cantine aujourd'hui ? »

Dix doigts se lèvent.

« Aziz, va porter ce tableau à la classe de CE2, merci ! »

Entoure le tableau que le maitre a donné à Aziz.

CP	CE1	CE2	CM1	CM2
11	8	10		

CP	CE1	CE2	CM1	CM2
11	10	9	11	

CP	CE1	CE2	CM1	CM2
8	12		10	

CP	CE1	CE2	CM1	CM2
	9		13	7

Comment as-tu trouvé le bon tableau ?

1 Je lis différents types de documents

Pour s'entrainer

1 2 3 4 5 6

Lis attentivement le texte pour bien comprendre.

La maitresse demande :

« Combien d'enfants vont à la garderie ce soir ? »

Onze doigts se lèvent.

« Lily, va porter ce tableau à la classe de CM1, merci ! »

CP	7
CE1	10
CE2	6
CM1	12
CM2	11

Entoure le tableau que la maitresse a donné à Lily.

CP	10
CE1	9
CE2	11
CM1	
CM2	

CP	12
CE1	9
CE2	10
CM1	11
CM2	

CP	8
CE1	12
CE2	10
CM1	
CM2	

❷ Je trouve le sujet et le verbe de la phrase (1)

Lis attentivement ces deux phrases.

Puis barre celle qui ne veut rien dire.

- Ce soir, la planète Mars décollera vers une fusée.
- Ce soir, une fusée décollera vers la planète Mars.

Souligne le sujet et le verbe de la phrase qui a du sens.

❸ Je fais attention à tous les détails de la phrase

Écris les réponses aux devinettes en t'aidant des dessins.

- J'ai deux verres.

  ____

- Je suis en verre, mais je ne suis pas un verre.

  ____

- Tu m'écoutes sans me regarder.

  ____

- Tu me regardes sans m'écouter.

  ____

- Je chauffe sans flammes.

  ____

Attention, il y a des intrus.

❹ Je découpe les mots en syllabes

Récris les mots en les découpant en syllabes.

- pardon → ______
- escalier → ______
- montre → ______
- garçon → ______
- animal → ______
- chocolat → ______
- printemps → ______
- octobre → ______
- novembre → ______
- février → ______

① Je comprends où commence et où finit une phrase

Pour s'entrainer

1 2 3 4 5 **6** 7 8

Récris les phrases en ajoutant les majuscules et les signes de ponctuation. . ? !

- Léon plie le linge ensuite il ira le ranger

→ ______________________________

____

- Martin éternue et se mouche a-t-il attrapé la grippe

→ ______________________________

____

Souligne en bleu les phrases déclaratives, en vert les phrases interrogatives, en noir les phrases impératives.

② Je conjugue les verbes au présent avec nous et vous

1 **2** 3

Complète les phrases avec le verbe et la terminaison qui conviennent.

Vous ______________ dans le micro.

Vous vous ______________ dans le carton.

Vous ______________ votre dessin.

Nous ______________ aux billes.

Vous ______________ dans la mare.

Nous ______________ un iglou.

cach
pêch
construis
jou
chant
montr

ons
ez

③ J'adapte ma lecture au fil du texte

1 2 3 4 5

Lis attentivement le texte pour bien comprendre.

Quentin pousse son chariot devant lui. Il n'y a pas beaucoup de monde, si tôt le matin. Il traverse le magasin et s'arrête devant le rayon des fruits et légumes. Il commence par mettre de côté quelques tomates abimées et deux abricots écrasés. Ensuite, il pose les cagettes de melons sur l'étalage des promotions.

Barre les dessins qui ne vont pas avec le texte.

④ Je forme des mots nouveaux

1 2 3 4

Complète les phrases en formant des mots avec dé-, re-, in-, -able ou -ible et les mots roses.

- Ce sachet de fromage est pratique : on peut l'ouvrir et le **fermer** comme on veut. Il est ______________________.
- Je pilotais mon avion télécommandé, quand tout à coup, je n'ai plus réussi à le **contrôler**. Il est devenu ______________________.
- Gustave racontait plein d'histoires, mais on n'y **croyait** pas : ses histoires étaient ______________________.

⑤ Je lis différents types de documents

1 2 3 4 5 6

Lis attentivement le texte pour bien comprendre.

Le chaton est entré par la porte entrouverte. Il s'est faufilé sous le lit, puis il a grimpé sur la chaise à gauche du lit et il a sauté sur le bureau. Ensuite, il s'est caché dans le carton qui était là.

Sur le dessin :

- **Trace le parcours du chaton.**
- **Entoure le carton dans lequel il se cache.**

J'écris les mots avec **c** ou **qu**

Pour commencer

Écris les mots qui correspondent aux dessins.

le ____________

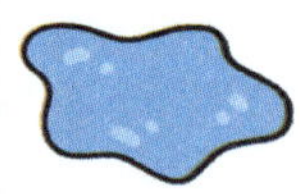
une ____________ e

quel ch ____________ !

le ____________

une ____________

un h ____________

un ____________

la ____________

un ____________

Comprends-tu quand il faut écrire **c** ? Quand il faut écrire **qu** ?

① J'écris les mots avec c ou qu

Pour s'entraîner

1 2 3

Écris les mots qui correspondent aux dessins avec ces syllabes.

lat · é · si · quin · mu · co · qui · cho
ca · pe · ze · que · cou · mion · leurs

du ____________

____

un ____________

la ____________

une ____________

des ____________

② Je trouve le sujet et le verbe de la phrase (1)

1 2 **3** 4 5 6

- **Lis attentivement ces deux phrases.**
- **Puis barre celle qui ne veut rien dire.**

- Le vent rafraichit les marcheurs dans la montagne.
- Les marcheurs rafraichissent le vent dans la montagne.

- **Souligne le sujet et le verbe de la phrase qui a du sens.**

③ Je lis différents types de documents

1 2 **3** 4 5 6

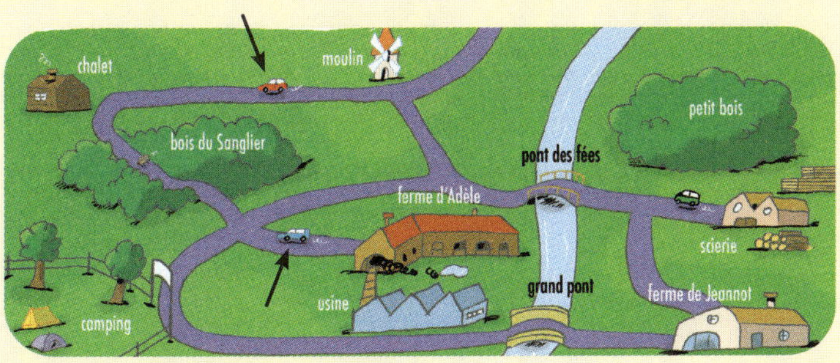

- **Observe la carte.**
- **Puis réponds aux questions.**

Regarde la voiture rouge.

Elle va tourner à gauche, puis à droite en sortant du bois du Sanglier.

- **Où va-t-elle arriver ?**

____

Regarde la voiture bleue. Elle va tourner à droite, puis à gauche au carrefour suivant.

- **Où va-t-elle arriver ?**

____

④ Je comprends où commence et où finit une phrase

1 2 3 4 5 6 **7** 8

- **Récris les phrases en ajoutant les majuscules et les signes de ponctuation.** . ? !

- maman n'arrivait pas à démarrer la voiture était en panne

____

____

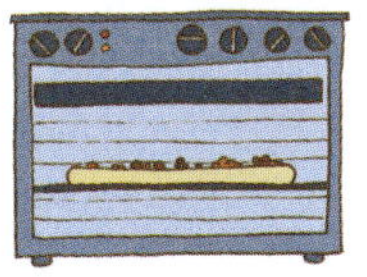

- on était tous pressés de manger la pizza n'était pas encore cuite

____

____

- **Souligne en bleu les phrases déclaratives, en vert les phrases interrogatives, en noir les phrases impératives.**

P3

Je maitrise l'accent aigu (é)

Pour commencer

Découpe les mots en syllabes, comme dans l'exemple.

lézard → lé/zard

essence → ______

lessive → ______

école → ______

Quand faut-il un accent aigu (é) ?

______

À gauche, ajoute un accent aigu (é) quand il faut.

Puis recopie les mots à droite.

elephant → ______

dessert → ______

tresor → ______

echarpe → ______

1 Je maitrise l'accent aigu (é)

Pour s'entrainer

1 2 3 4 5

À gauche, ajoute l'accent aigu (é) quand il le faut.

Puis recopie les mots à droite en cachant le modèle.

- un es ca lier → ______
- une cle → ______
- la les si ve → ______
- in tel li gent → ______
- un ca me le on → ______
- un des sin → ______

Exemple

- une é chel le

une échelle

② J'écris les mots avec c ou qu

1 2 3

Écris les mots qui correspondent aux dessins avec ces syllabes.

tus | re | quin | cor
reur | cac | beau | cou

un ____________________

un ____________________

un ____________________

un ____________________

③ Je comprends ce qui est « caché » dans un texte

1 2 ... 12 13 14 15 ... 28 29

Lis le texte.

« Vous en voulez encore ?

– Non merci, c'était délicieux,

mais je n'ai plus faim.

– Moi non plus, je garde de la place

pour le dessert ! »

Réponds aux questions.

- Combien y a-t-il de personnes qui parlent ?

  ____

- Qu'est-ce qui était délicieux ?

  ☐ le plat ☐ le dessert

Dans le texte, souligne les indices qui t'ont permis de répondre.

④ Je conjugue les verbes au présent avec nous et vous

1 2 3

Complète les phrases avec le verbe et la terminaison qui conviennent.

Nous ____________________ un gâteau.

Vous ____________________ aux arbres.

Nous ____________________ au docteur.

Nous ____________________ .

Vous ____________________ à la corde.

saut | fais | jongl | jou | grimp

ons | ez

J'accorde l'adjectif avec le nom

Pour commencer

Complète chaque phrase avec un adjectif de couleur au choix.

jaune - jaunes

bleu - bleue - bleus - bleues

vert - verte - verts - vertes

rouge - rouges

gris - grise - grises

brun - brune - bruns - brunes

noir - noire - noirs - noires

rose - roses

Son bec est ______,

ses pattes sont ______,

ses ailes sont ______.

Elle porte des lunettes ______

et un tee-shirt ______

à rayures ______.

Quelle belle chouette !

Relis ton texte et colorie le dessin.

1 J'accorde l'adjectif avec le nom

Pour s'entraîner

1 2 3 4 5 6 7 8 9

Complète ces phrases avec un adjectif de couleur au choix.

- Léo a les cheveux ______.
- Il porte des chaussures ______,
  un pantalon ______
  et une chemise ______.
- Il joue avec trois cubes ______
  et un cube ______.

Relis ton texte et colorie le dessin.

② Je maitrise l'accent aigu (é)

1 2 3 4 5

À gauche, ajoute l'accent aigu (é) quand il le faut.

Puis recopie les mots à droite en cachant le modèle.

- un he ris son → ______________________
- des le gu mes → ______________________
- de l' es sen ce → ______________________
- une bles su re → ______________________
- un de sert → ______________________

③ Je lis différents types de documents

1 2 3 4 5 6

Lis attentivement le texte.

« Jean, tu prends la 1re à gauche,
puis la 2e à droite.
Quand tu es au rondpoint,
tu vas tout droit et tu es arrivé ! »

Suis les indications sur le plan avec le doigt.

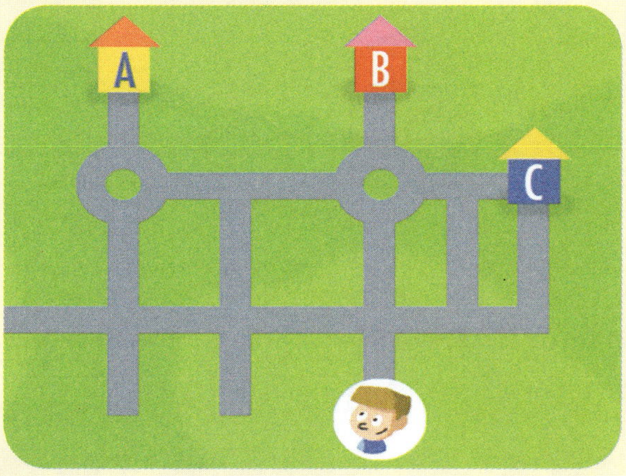

Entoure la maison que Jean cherche.

④ J'écris les mots avec c ou qu

1 2 3

Écris les mots qui correspondent aux dessins avec ces syllabes.

que · que · cas · co · ti · bou · cro · got · di · le · quet · es · car · mous

un ______________________

un ______________________

un ______________________

un ______________________

un ______________________

Je trouve le sens d'adjectifs inconnus

Pour commencer

Lis les phrases.

« Hmmm ! Ce petit cochon a l'air **exquis** ! »,
dit le loup en se léchant les babines.

Entoure les mots qui ont le même sens que l'adjectif exquis.

délicieux	succulent	dégoutant	immangeable
savoureux	infect	appétissant	excellent

Comment as-tu trouvé le sens du mot **exquis** ?

1 Je trouve le sens d'adjectifs inconnus

Pour s'entraîner

1 2 3 4 5 6 7

Lis le texte.

C'était le plus petit des trois frères,
et pourtant, c'était lui le plus **hardi** :
il n'avait peur de rien,
ni de personne.

Entoure les adjectifs qui ont le même sens que hardi.

audacieux	courageux
peureux	froussard

Lis le texte.

Mon arrière-grand-mère
monta dans son **antique** voiture :
pétaradant, fumant, hoquetant,
le moteur finit par démarrer.

Entoure les adjectifs qui ont le même sens que antique.

très vieille	ancienne
toute neuve	moderne

2 Je maitrise l'accent aigu (é)

1 2 3 4 5

- Ajoute l'accent aigu **(é)** quand il le faut.
- Puis recopie les mots en cachant le modèle.

• des cen dres

→ ______________________

• un es suie - gla ce

→ ______________________

• la re cre a tion

→ ______________________

• un des sert

→ ______________________

• un mes sa ge

→ ______________________

3 Je comprends ce qui est « caché » dans un texte

1 2 ... 12 13 14 15 ... 28 29

- Lis attentivement le texte pour bien comprendre.

En entendant la porte s'ouvrir,
Adeline cacha le livre sous son oreiller
et fit semblant de dormir. « Eh bien,
tu ne dors pas encore à cette heure-ci ?
Je suis fatiguée de te répéter
toujours la même chose ! »

- Réponds aux questions.
  • Où se passe cette scène ?

  ____

  ____

  • Qui parle à Adeline ?

  ____

- Dans le texte, souligne les indices qui t'ont permis de répondre.

4 Je reconnais le verbe et le nom (1)

1 2 3 4 5

- Écris ces mots dans la bonne colonne.

bonhomme | boule | neiger

faire | lancer | iglou | skier

hiver | neige | construire

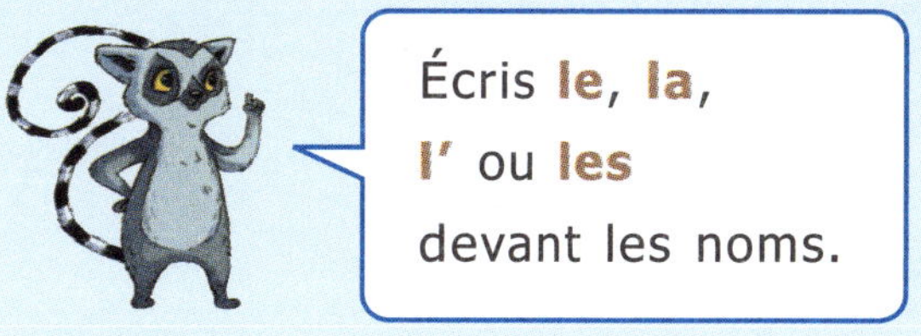

Verbes	Noms
→	→
→	→
→	→
→	→
→	→

J'écris les mots avec c ou ç

Pour commencer

▸ Écris les mots qui correspondent aux dessins.

un

un

une

un comm t

un

un

une

une ff

un

Comprends-tu quand il faut écrire **c** ? Quand il faut écrire **ç** ?

① J'écris les mots avec c ou ç

Pour s'entraîner

1 2 3

▸ Écris les mots qui correspondent aux dessins avec ces **syllabes**.

du

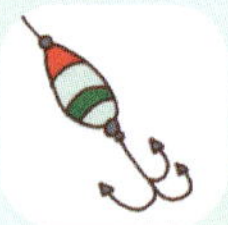

un

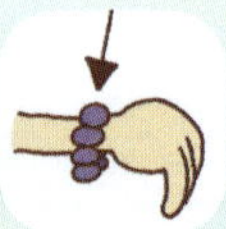

un

Elle se

le drapeau

çais | bra | let | ce | çon | den | ti | ce

fri | me | ba | lan | ce | ha | fran

P3

② Je trouve le sens d'adjectifs inconnus

1 2 3 4 5 6 7

Lis le texte.

Guillaume se frotta les yeux, **éberlué** : devant lui, sorti du flacon magique, un génie flottait dans l'air !

Entoure les adjectifs qui ont le même sens que éberlué.

stupéfait **furieux**
très étonné **calme**

Lis le texte.

Médor, **penaud**, arriva dans le salon, la queue basse : il venait de renverser le beau vase en cristal !

Entoure les adjectifs qui ont le même sens que penaud.

fier **embarrassé**
honteux **content**

③ Je lis différents types de documents

1 2 3 4 5 6

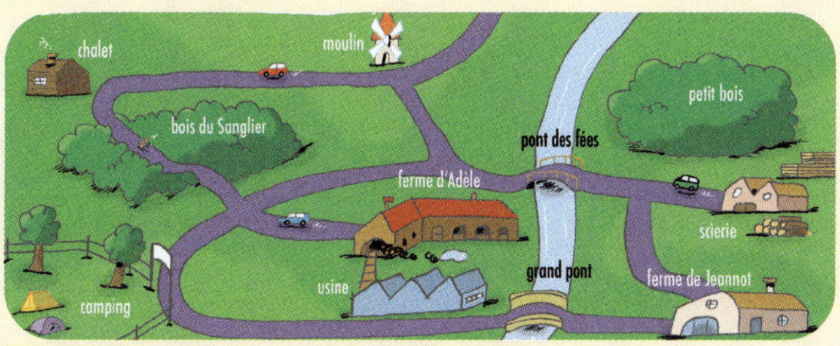

Observe la carte.

Puis réponds aux questions.

Louise est au camping, elle veut aller à la ferme de Jeannot.

- **Par où va-t-elle passer ?** ____________________

Léo est au chalet. Il veut aller à la ferme d'Adèle sans traverser le bois du Sanglier.

- **Par où Léo va-t-il passer ?**

____

____

Karim veut aller de l'usine à la scierie.

- **Par où Karim va-t-il passer ?**

____

____

____

④ Je trouve le sujet et le verbe de la phrase (1)

1 2 3 4 5 6

Lis attentivement ces deux phrases.

Puis barre celle qui ne veut rien dire.

- Max jette des papiers à la poubelle.
- Des papiers jettent la poubelle à Max.

Souligne le sujet et le verbe de la phrase qui a du sens.

Je conjugue les verbes être et avoir au présent

Pour commencer

le verbe **être** au présent
je **suis**
tu **es**
il, elle **est**
nous **sommes**
vous **êtes**
ils, elles **sont**

le verbe **avoir** au présent
j'**ai**
tu **as**
il, elle **a**
nous **avons**
vous **avez**
ils, elles **ont**

Mon chat voit une araignée : il **a** peur !

Il se cache sous le tapis : qu'il **est** bête !

Cherche les **verbes** des phrases dans les tableaux.

- **Lis les deux phrases à droite.**
- **Puis récris-les en remplaçant Mon chat par Mes chats.**

→ ______________________________

→ ______________________________

Essaie de faire d'autres phrases avec les verbes **être** et **avoir** en commençant par **je, tu, nous...**

1 Je conjugue les verbes être et avoir au présent

Pour s'entraîner

1 2 3

- **Complète les phrases en conjuguant les verbes être ou avoir au présent.**

- Vous ______________________ sept ans.
- Vous ______________________ en retard.
- Nous ______________________ malades.
- J' ______________________ un petit frère.
- Tu n' ______________________ pas pressé.

Essaie de faire l'activité en cachant le haut de la page.

② Je comprends où commence et où finit une phrase

1 2 3 4 5 6 7 **8**

Récris les phrases en ajoutant les majuscules et les signes de ponctuation. . ? !

- ce matin, n'attends pas Victor ne va pas à l'école aujourd'hui

→ ______________________________

____

- le petit garçon m'a ouvert la porte n'était pas fermée à clé

→ ______________________________

____

Souligne en bleu les phrases déclaratives, en vert les phrases interrogatives, en noir les phrases impératives.

③ Je comprends ce qui est « caché » dans un texte

1 2 ... 14 **15** 16 17 ... 28 29

Lis attentivement le texte pour bien comprendre.

« Tu peux te rhabiller, maintenant...

Madame Morel, c'est une bonne grippe ! Pas d'école avant une semaine ! »

Réponds aux questions.

- Qui parle à madame Morel ? ______________________________
- Qui est malade ? ______________________________

Dans le texte, souligne les indices qui t'ont permis de répondre.

④ Je maitrise l'accent aigu (é)

1 2 3 **4** 5

À gauche, coupe les mots en syllabes.

Puis ajoute l'accent aigu (é) quand il le faut.

- un tré/sor → ______________________________
- un reveil → ______________________________
- un serpent → ______________________________
- un supermarche → ______________________________
- une etoile → ______________________________

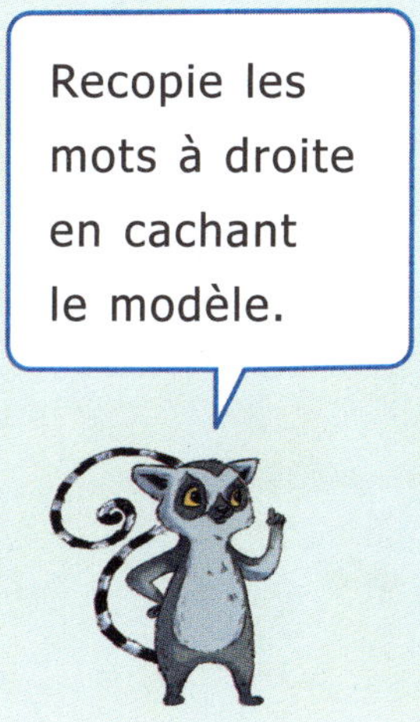

Je conjugue les verbes au présent avec je et tu

Pour commencer

Relie les étiquettes deux par deux pour faire un petit dialogue.

Je	me donnes ton numéro de téléphone ?
Et toi, tu	t'appelles comment ?
Moi, j'	le note dans mon carnet.
Toi, tu	m'appelle Léonie.
Tu	adore le foot.
Je	préfères le basket.

Souligne la terminaison des verbes.

Trouve la règle pour conjuguer les verbes avec **je** et **tu**.

1 Je conjugue les verbes au présent avec je et tu

Pour s'entraîner

1 2 3 4

Complète les phrases avec le verbe et la terminaison qui conviennent.

Je me ______________ les dents.

Je ______________ l'aspirateur.

Tu ______________ un papillon.

Tu ______________ trop fort !

Je ______________ mon petit chat.

J' ______________ un papillon.

bross — caress — attrap — pass — chant

e — es

② Je trouve le sens d'adjectifs inconnus

Lis le texte.

« Oh regarde là-bas,
voilà déjà les premières fraises du jardin !
Elles sont **précoces** cette année ! »

Entoure les mots qui ont le même sens que précoces.

en avance	tardives
en retard	sucrées

1 2 3 4 5 6 7

Lis le texte.

Le temps était **lugubre** : le vent soufflait, de gros nuages gris bouchaient le ciel et une pluie fine tombait depuis le matin.

Entoure les adjectifs qui ont le même sens que lugubre.

sombre	magnifique
sinistre	merveilleux

③ Je comprends ce qui est « caché » dans un texte

1 2 ... 14 15 16 17 ... 28 29

Lis attentivement le texte pour bien comprendre.

« Maman, maman, au secours, j'ai peur ! »
Sébastien se débattait dans son lit, couvert de sueur. Sa maman arriva et le prit dans ses bras en disant : « C'est fini, mon chéri, c'est fini. »

Réponds à la question.

- Qu'est-ce qui est arrivé à Sébastien ? ______________________

____

Dans le texte, souligne les indices qui t'ont permis de répondre.

④ J'accorde l'adjectif avec le nom

1 2 3 4 5 6 7 8 9

Complète ces phrases avec un adjectif de couleur au choix.

- Selma a les cheveux ______________________.
- Ses bottes sont ______________________,
  et sa veste est ______________________.
- En plus de son parapluie ______________________,
  elle a un chapeau ______________________.

Relis ton texte et colorie le dessin.

❶ Je trouve le sujet et le verbe de la phrase (1)

1 2 3 4 **5** 6

- **Lis attentivement ces deux phrases.**
- **Puis barre celle qui ne veut rien dire.**

• Après le repas, la vaisselle fait mes parents.

• Après le repas, mes parents font la vaisselle.

- **Souligne le sujet et le verbe de la phrase qui a du sens.**

❷ Je conjugue les verbes au présent avec je et tu

1 **2** 3 4

- **Complète les phrases avec le verbe et la terminaison qui conviennent.**

Tu te ______________________ les dents.

Je ______________________.

Je ______________________ une chanson.

Tu ______________________ bien au foot.

J'______________________ de la musique.

jou — écout — chant — dans — bross

e — es

❸ Je conjugue les verbes être et avoir au présent

1 **2** 3

- **Complète les phrases en conjuguant les verbes être ou avoir au présent.**

• Ils ______________________ peur de l'orage.

• J' ______________________ de la fièvre.

• Tu ______________________ malade.

• Nous ______________________ au CE1.

• Vous ______________________ sommeil.

Aide-toi de ton aide-mémoire, si tu en as besoin.

④ Je lis différents types de documents

Observe le programme de la fête de l'école.

✶ Fête de l'école ✶ samedi 21 juin ✶			
Concert des CM2	salle de sport	14 h	17 h
Cirque par les CE1	préau	14 h 30	15 h 30
Danse des CP	cour	15 h	-
Théâtre par les CE2	préau	15 h	16 h
Chorale des CM1	cour	15 h 30	16 h 30
Tirage de la tombola	salle de sport	17 h 30	-

Réponds aux questions.

- À quelle heure peut-on voir le spectacle de cirque des CE1 ?

  ____

- Où aura lieu le tirage de la tombola ?

  ____

- Qu'est-ce qu'on pourra voir dans la cour à 16 h 30 ?

  ____

- Qu'est-ce qui commencera à la même heure que la danse des CP ?

  ____

⑤ Je maitrise l'accent aigu (é)

À gauche, coupe les mots en syllabes.

Puis ajoute l'accent aigu (é) quand il le faut.

- un nu/mé/ro → ______________________
- une ecole → ______________________
- un satellite → ______________________
- un bebe → ______________________
- une libellule → ______________________
- un epouvantail → ______________________
- un rendez-vous → ______________________
- un refrigerateur → ______________________

Recopie les mots à droite en cachant le modèle.

Je comprends de qui ou de quoi on parle

Pour commencer

▸ **Lis attentivement le texte pour bien comprendre.**

Marie rentre de l'école. Son chien l' attendait.
Il remue la queue pendant qu' elle le caresse.
Ensuite, elle lui met sa laisse
et l' emmène se promener dans le parc.

Qui sont les deux personnages ?

▸ **Colorie le nom du premier personnage en jaune et l'autre en vert.**

▸ **Continue à colorier les étiquettes en te demandant qui se cache derrière les mots : Marie ou son chien ?**

1 Je comprends de qui ou de quoi on parle

Pour s'entraîner

1 2 3 4 5 6

▸ **Lis attentivement le texte.**

Hélène a cueilli des fleurs . Comme elles sentent bon !
Elle va les offrir à sa maitresse.

▸ **Colorie les mots entourés :**
- **en jaune s'ils désignent** Hélène
- **en vert s'ils désignent** les fleurs

▸ **Lis attentivement le texte.**

Kim adore les fruits , surtout ceux qui sont bien sucrés.
Il en mange tous les jours.

▸ **Colorie les mots entourés :**
- **en jaune s'ils désignent** Kim
- **en vert s'ils désignent** les fruits

❷ Je trouve le sujet et le verbe de la phrase (1)

1 2 3 4 5 6

- **Lis attentivement ces deux phrases.**
- **Puis barre celle qui ne veut rien dire.**

• Bien au chaud dans son lit, Noémie ferme les yeux.

• Bien au chaud dans son lit, les yeux ferment Noémie.

- **Souligne le sujet et le verbe de la phrase qui a du sens.**

❸ Je trouve le sens d'adjectifs inconnus

1 2 3 4 5 6 7

- **Lis le petit texte.**

Jeanne arriva dans son beau costume d'Arlequin, gai et **bariolé**.

- **Entoure les mots qui ont le même sens que l'adjectif bariolé.**

multicolore	**très coloré**
terne	**très sombre**

- **Lis le petit texte.**

Karim arriva à l'école mal réveillé, **bougon** et de mauvaise humeur.

- **Entoure les mots qui ont le même sens que l'adjectif bougon.**

joyeux	**gai**
grognon	**grincheux**

❹ J'écris les mots avec c ou ç

1 2 3

- **Écris les mots qui correspondent aux dessins avec ces syllabes.**

un ____________________

une ____________________

une ____________________

un ____________________

une ____________________

çon **lan** **re** **ciè** **çoi** **re** **cir**

ci **sor** **ma** **ba** **que** **ble**

J'écris des verbes au pluriel

Pour commencer

Deux histoires ont été mélangées.

- **Lis toutes ces phrases.**
- **Puis trace des flèches de deux couleurs différentes pour remettre les histoires dans l'ordre.**

Eva a huit ans. → Elle rêve de devenir pilote.

Eva et Noam ont huit ans.

Ils sont aux commandes d'un énorme avion !

Elle s'imagine, volant dans le ciel...

Elle est aux commandes d'un énorme avion !

Ils s'imaginent, volant dans le ciel...

Tous les deux rêvent de devenir pilote.

- **Entoure tous les verbes.**

Quels sont les changements que tu remarques d'une histoire à l'autre ?

1 J'écris des verbes au pluriel

Pour s'entraîner

1 2 3 4 5

- **Lis le texte.**

Le lion **a** sommeil.

Il **est** allongé sous un arbre.

Il **se repose**.

Il **rêve** à son prochain repas.

- **Transforme les phrases en écrivant les verbes au pluriel.**

• Les lions ______________ sommeil.

• Ils ______________ allongés sous un arbre.

• Ils ______________________________.

• Ils ______________ à leur prochain repas.

Le plus souvent, la terminaison sera **-ent**, sauf pour deux verbes : **ont** et **sont**.

② Je conjugue les verbes au présent avec je et tu

Complète les phrases avec le verbe et la terminaison qui conviennent.

Tu ______________________ un arbre.

Tu ______________________ la voiture.

Je me ______________________ avec mon père.

Je me ______________________ dans un hamac.

Tu ______________________ ton dessin.

repos — promèn — plant — lav — montr

e — es

③ Je comprends ce qui est « caché » dans un texte

Lis le texte.

« Oh non ! Regarde, la vitre est cassée !
– Et la télé a disparu !
– Et tous mes bijoux aussi !
Vite, appelle la police ! »

Réponds aux questions.

- Que s'est-il passé ?

____

____

____

- Qui demande d'appeler la police ?

____

Dans le texte, souligne les indices qui t'ont permis de répondre.

④ J'accorde l'adjectif avec le nom

Complète ces phrases avec un adjectif de couleur au choix.

- Martin a les cheveux ______________________.
- Il porte un short ______________________,
  une chemisette ______________________
  et des chaussures ______________________.
- Il a trois poissons ______________________
  et un poisson ______________________.

Relis ton texte et colorie le dessin.

Je comprends le sens propre et le sens figuré

Pour commencer

- Lis les **expressions** et observe bien les dessins qui les illustrent.
- Relie chaque **expression** au dessin correspondant, puis à sa **définition**.

être haut comme trois pommes •		• ne pas être bien réveillé
avoir un poil dans la main •		• hésiter à annoncer quelque chose
avoir le cœur sur la main •		• être très généreux
tourner autour du pot •		• être paresseux
ne pas avoir les yeux en face des trous •		• être très petit

1 Je comprends le sens propre et le sens figuré

Pour s'entraîner

1 2 3 4 5 6 7 8 9

Le même verbe est utilisé dans toutes ces phrases.

- **Entoure-le.**

- Laisse-moi tranquille, tu me casses les pieds ! → sens ____
- Cette musique me casse les oreilles. → ____
- Pierrick a cassé mon jouet. → ____
- Le chat a cassé un vase en passant. → ____

- **Écris à droite si le verbe est utilisé au sens propre ou au sens figuré.**

P3

② J'écris des verbes au pluriel

1 2 3 4 5

Lis le texte.

Simon **va** à la fête.

Il **monte** sur le manège.

Le manège **tourne** trop vite !

Maintenant, il **a** mal au cœur.

Transforme les phrases en écrivant les verbes au pluriel.

- Simon et Gaël ______________ à la fête.
- Ils ______________ sur les manèges.
- Les manèges ______________ ______________ !
- Maintenant, ______________ ______________.

③ J'accorde l'adjectif avec le nom

1 2 3 4 5 6 7 8 9

Complète ces phrases avec un adjectif de couleur au choix.

- Zoé porte une jupe ______________ et un pull ______________.
- Max a un pull ______________ et un pantalon ______________.
- Jules porte un short ______________ et un pull ______________.

Relis ton texte et colorie le dessin.

④ Je comprends de qui ou de quoi on parle

1 2 3 4 5 6

Lis attentivement le texte.

Paul n'a pas fini ses devoirs . Quand il les aura terminés, il ira jouer dehors. Mais qu' ils sont difficiles, ce soir !

Colorie les mots entourés : – en jaune s'ils désignent Paul
– en vert s'ils désignent les devoirs

Lis attentivement le texte.

Élodie joue avec sa marionnette .
Elle lui parle et la fait bouger avec ses doigts.

Colorie les mots entourés : – en jaune s'ils désignent Élodie
– en vert s'ils désignent la marionnette

Je connais les pronoms sujets

Pour commencer

Relie les étiquettes qui vont ensemble.

Yann et toi,	nous partons en voyage.
Mes grands-parents,	vous êtes amis.
Moi,	je joue du piano.
Sarah,	elle a un petit frère.
Mes copains et moi,	ils sont super !
Gabriel,	il joue de la guitare.
Alice et Emma,	elles sont copines.

Colorie de la même couleur les mots et les pronoms sujets qui peuvent les remplacer.

Comment as-tu fait pour trouver les mots qui vont ensemble ?

1 Je connais les pronoms sujets

Pour s'entraîner

1 2 3

Complète le texte avec les pronoms sujets qui conviennent.

« Le Père Noël, est-ce qu' __________ existe ?

Et les fées, __________ existent vraiment ?

Et la petite souris, __________ vient vraiment chercher mes dents de lait ? »

Papa et moi, __________ avons discuté de tout ça.

Et papa, __________ m'a dit que chacun pouvait y croire ou pas !

Colorie de la même couleur les personnes dont on parle et les pronoms sujets qui les désignent.

❷ J'accorde l'adjectif avec le nom

Complète ces phrases avec un adjectif de couleur au choix.

- Yann porte une casquette ____________, un tee-shirt ____________ et un pantalon ____________.
- Mélanie a les cheveux ____________. Elle a une salopette ____________ et des chaussures ____________.

Relis ton texte et colorie le dessin.

❸ J'écris les mots avec c ou ç

Écris les mots qui correspondent aux dessins avec ces syllabes.

gri | cets | gla
çon | çon | ce
ma | la | gar

les ____________

un ____________

une ____________

un ____________

❹ Je comprends de qui ou de quoi on parle

Lis attentivement le texte.

Ces deux garçons ne devraient pas se battre : si la maitresse les voit, elle va les gronder et leur donner une punition.

Colorie les mots entourés :
– **en jaune s'ils désignent** les deux garçons
– **en vert s'ils désignent** la maitresse

Lis attentivement le texte.

Oscar adore le foot , c'est son sport préféré . C'est lui qui a fait gagner son équipe la dernière fois. Tous ses copains disent qu' il est le meilleur !

Colorie les mots entourés :
– **en jaune s'ils désignent** Oscar
– **en vert s'ils désignent** le foot

Pour s'entrainer

❶ Je conjugue les verbes au présent avec je et tu

Complète les phrases avec le verbe et la terminaison qui conviennent.

Tu ______________ dans la trompette.

Je ______________ à la marelle.

Tu te ______________ dans un carton.

J' ______________ un insecte.

Tu ______________ à ta maman.

jou | observ | souffl | cach | téléphon

e | es

❷ Je comprends de qui ou de quoi on parle

Lis attentivement le texte pour bien comprendre.

« Puisque tu as fait une énorme bêtise,
tu seras privé de dessert !
Et toi, ne fais pas la maligne,
ou je te donne la même punition ! »

Réponds aux questions.

- Qui a fait une bêtise, Gaël ou Gaëlle ?

____

- Qui risque aussi une punition, Aurélien ou Aurélie ?

____

Dans le texte, souligne les indices qui t'ont permis de répondre.

❸ Je conjugue les verbes être et avoir au présent

Complète les phrases avec les verbes être ou avoir au présent.

- Je ______________ sage.
- Elles ______________ du courage.
- Vous ______________ de la force !
- Guy ______________ amoureux.
- Vous ______________ gentils.
- Mon chien n' ________ plus de puces.

④ J'écris des verbes au pluriel

Lis le texte.

Papa **prépare** le repas.
Il **épluche** les légumes.
Il **goute** la soupe.
Papa **est** un grand chef !

Transforme les phrases en écrivant les verbes au pluriel.

- Papa et Zoé ______________________ .
- ______________________ les légumes.
- ______________________ la soupe.
- Papa et Zoé ______________ des grands chefs !

Le plus souvent, la terminaison sera **-ent**, sauf pour deux verbes : **ont** et **sont**.

⑤ Je comprends le sens propre et le sens figuré

Le même verbe est utilisé dans ces phrases.

Entoure-le.

- Arrête de me couper la parole tout le temps ! → sens ______________
- Il faut que j'aille me faire couper les cheveux. → ______________
- Cette odeur de poubelle me coupe l'appétit. → ______________
- Papi va couper le gâteau d'anniversaire. → ______________
- Je coupe les fleurs fanées. → ______________
- Il ne faut jamais couper un virage. → ______________
- Coupe cette pomme en quatre. → ______________
- Quelle course ! J'en ai le souffle coupé ! → ______________

Écris à droite si le verbe est utilisé au sens propre ou au sens figuré.

Je conjugue les verbes au futur

Pour commencer

Qu'est-ce qu'on fera pendant les vacances ?

Invente des phrases avec les étiquettes proposées.

Je	visit	er	ai	de la musique
Tu	jou	er	ez	un musée
Elle	regard	er	ont	aux cartes
Nous	écout	er	as	la télé
Vous	se lèv	er	ons	les étoiles
Ils	observ	er	a	très tard

1 Je conjugue les verbes au futur

Pour s'entraîner

1 2 3 4 5 6

Dans ce texte, souligne les verbes au futur.

Puis relie leur sujet avec une flèche.

Dans 200 ans, la vie sera vraiment différente !
Les voitures voleront dans le ciel,
le train avancera à 600 km/h,
les fusées voyageront vers Mars
et nous passerons nos vacances sur la Lune !

Complète les verbes au futur.

Les robots **travaill**__________ à notre place,
nous **mang**__________ des choses bizarres,
les enfants **rest**__________ au lit le matin,
ils **jou**__________ au lieu d'aller à l'école.
Est-ce que les gens **se**__________ plus heureux ?

Si tu hésites, va voir la leçon 32 de ton aide-mémoire.

P4

2 Je connais les pronoms sujets

Complète le texte avec les pronoms sujets qui conviennent. 1 2 3

« Théo et toi, ________________ serez les gendarmes.

Et Mathis et moi, ________________ serons les voleurs.

Attention, si quelqu'un triche, ____________ sera éliminé !

Toi, Théo, ________________ vas compter jusqu'à 20.

Pendant ce temps, les voleurs iront se cacher : __________ devront faire très vite ! »

3 Je comprends de qui ou de quoi on parle

Lis attentivement le texte. 1 2 3 4 5 6

Fanny est allée au parc . Elle aime y aller pour faire de la balançoire.
Il est immense, avec beaucoup de jeux pour les enfants.
Elle ne s'ennuie jamais quand elle y va.

Colorie les mots entourés : – en jaune s'ils désignent Fanny
– en vert s'ils désignent le parc

Lis attentivement le texte.

Victor a attrapé un gros rhume . Il en a déjà eu un le mois dernier,
il n'a vraiment pas de chance ! Vivement qu' il finisse, il en a assez de se moucher.

Colorie les mots entourés : – en jaune s'ils désignent Victor
– en vert s'ils désignent le rhume

4 J'accorde l'adjectif avec le nom

Complète ces phrases avec un adjectif de couleur au choix. 1 2 3 4 5 6 7 8 9

- Amina porte une doudoune __________________________,
  des moufles __________________________,
  un bonnet ______________ et une écharpe ______________ ;
  ses skis sont ____________ et ses chaussures sont ____________ .

Relis ton texte et colorie le dessin.

P4

J'écris les mots avec g ou ge

Pour commencer

Écris les mots qui correspondent aux dessins.

un ______________

un ______________

un ______________

un ______________

un ______________

Il a la ______________ .

Colorie les syllabes qui contiennent un g.

Comprends-tu quand il faut écrire **g** ? Quand il faut écrire **ge** ?

1 J'écris les mots avec g ou ge

Pour s'entraîner

1 2 3

Écris les mots qui correspondent aux dessins avec ces syllabes.

un ______________

de l' ______________

un ______________

une ______________

une ______________

ra

pi jus

ma gi

fe o

ge gent

ar le

geon cu

ra

❷ Je comprends ce qui est « caché » dans un texte

1 2 ... 16 17 **18** 19 ... 28 29

Lis le texte.

« Papa, s'il te plait, achète-nous-en…
– Non, vous allez encore avoir des caries !
– Allez, s'il te plait…
– Bon, d'accord, mais une chacun seulement ! Et ne jetez pas le bâton et le papier n'importe où ! »

Réponds aux questions.

- Qui sont les personnes qui parlent ?

____

____

- Qu'est-ce qui a été acheté ?

____

____

Dans le texte, souligne les indices qui t'ont permis de répondre.

❸ Je conjugue les verbes au futur

1 **2** 3 4 5 6

Souligne les verbes au futur.

Puis relie leur sujet avec une flèche.

Demain, nous partirons en balade.
Toi, tu emporteras de l'eau
et moi je prendrai le gouter.
Nous mettrons de bonnes chaussures.

Complète les verbes au futur.

Nous **escalad**__________ une montagne.

Je **march**__________ devant,
toi, tu **march**__________ derrière moi,
et tu me **suiv**__________.

Je te **chant**__________ des chansons,
ça te **donn**__________ du courage.

❹ Je trouve le sens d'adjectifs inconnus

1 2 3 4 **5** 6 7

Lis le texte.

Lilou mâchait et remâchait le même morceau de viande depuis deux minutes : vraiment, ce bifteck était trop **coriace** !

Entoure les adjectifs qui ont le même sens que coriace.

tendre	résistant
dur	élastique

Lis le texte.

Pierre me montra comment il arrivait à jouer de la guitare avec ses orteils. Il avait toujours des idées **saugrenues** !

Entoure les adjectifs qui ont le même sens que saugrenues.

bizarres	normales
étranges	habituelles

❶ J'accorde l'adjectif avec le nom

Pour s'entrainer

1 2 3 4 5 6 **7** 8 9

Complète les phrases avec les adjectifs qui conviennent.

petit | petite | petits | petites

L'histoire de monsieur Petit

Monsieur Petit est tout ____________________.

Il a un ____________________ nez, deux ____________________ yeux

et une ____________________ bouche.

Il marche à ____________________ pas dans ses ____________________ chaussures.

Quand il prend de ____________________ vacances,

il met ses ____________________ affaires dans sa valise :

une ____________________ chemise, un ____________________ pantalon,

des ____________________ chaussettes,

une ____________________ brosse à dents,

ses ____________________ lunettes de soleil.

❷ Je connais les pronoms sujets

1 2 **3**

Complète le texte avec les pronoms sujets qui conviennent.

Moi, ____________________ adore les maths.

Mais Raphaël, ____________________ préfère le français.

Alors, Raphaël et moi ____________________ faisons nos devoirs ensemble.

Le maitre ? ____________________ est d'accord, mais ____________________ a dit :

Ne trichez pas, ____________________ n'avez pas le droit de donner la réponse à l'autre !

Et toi Jade, ____________________ trouves que c'est une bonne idée ?

Colorie de la même couleur les personnes dont on parle et les pronoms sujets qui les désignent.

③ Je comprends de qui ou de quoi on parle

Lis attentivement le texte.

[Arthur] apprend à faire [les lacets]. Quand [ils] se dénouent, [il] s'assied et [les] renoue. C'est encore difficile pour [un petit garçon] comme lui !

Colorie les mots entourés :
– en jaune s'ils désignent [Arthur]
– en vert s'ils désignent [les lacets]

Lis attentivement le texte.

[Jean] adore passer [l'aspirateur]. Quand [il] [le] met en route, [il] démarre avec un bruit de tempête ! Ses parents sont contents d'avoir [un garçon] qui les aide.

Colorie les mots entourés :
– en jaune s'ils désignent [Jean]
– en vert s'ils désignent [l'aspirateur]

④ Je comprends le sens propre et le sens figuré

Le même verbe est utilisé dans toutes ces phrases.

Entoure-le.

- Les amoureux nagent dans le bonheur.

→ sens ______

- J'ai appris à nager sur le dos.

→ ______

- Ce pull est trop grand, je nage dedans !

→ ______

- Les poissons nagent dans la mare.

→ ______

Écris si le verbe est utilisé au sens propre ou au sens figuré.

⑤ J'écris les mots avec g ou ge

Écris les mots qui correspondent aux dessins avec ces syllabes.

ma	geon	gé	geoi
ge	nou	plon	re
ge	fro	na	ant

le ______

du ______

une ______

un ______

un ______

J'écris les mots avec in/ine, ain/aine, ein/eine, un/une

Pour commencer

Écris les mots qui correspondent aux dessins.

une ______

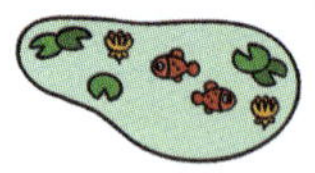

un ______

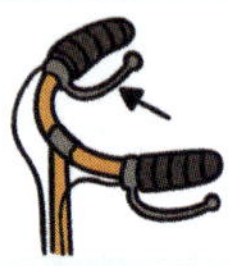

un ______

il ______

une ourse b______

un ours b______

Cache le **e** final comme ci-dessous pour savoir comment écrire le mot au masculin.

une lapine

1 J'écris les mots avec in/ine, ain/aine, ein/eine, un/une

Pour s'entrainer

1 2 3

Écris la fin des phrases en cachant la dernière lettre des mots féminins.

Exemple

voisine → **voisin**

- Ma **voisine** s'appelle **Sylvaine**.

→ Et mon v______ s'appelle ______.

- Ma **cousine**, c'est une **coquine**.

→ Et mon c______, c'est un ______.

- La bouteille est **pleine**, j'en suis **certaine** !

→ Le verre est p______, j'en suis ______.

② Je trouve le sens d'adjectifs inconnus

1 2 3 4 5 6 7

- **Lis le texte.**

Adèle, toujours **espiègle**,
se cacha derrière le canapé
pour faire une farce à sa maman.

- **Entoure les adjectifs qui ont le même sens que espiègle.**

malicieuse	sérieuse
taquine	sage

- **Lis le texte.**

La sorcière était furieuse,
elle hurlait, le visage **cramoisi**,
qu'elle allait se venger !

- **Entoure les adjectifs qui ont le même sens que cramoisi.**

rose	pâle
tout rouge	écarlate

③ Je comprends ce qui est « caché » dans un texte

1 2 ... 18 19 20 21 ... 28 29

- **Lis attentivement le texte pour bien comprendre.**

Un peu impressionné,
un bâton dans chaque main,
Pierrick attendait que le moniteur
lui donne le signal du départ.

- **Réponds à la question.**
  - Qu'est-ce que fait Pierrick ?

____

____

____

- **Dans le texte, souligne les indices qui t'ont permis de répondre.**

④ Je conjugue les verbes au futur

1 2 3 4 5 6

- **Souligne les verbes au futur.**
- **Puis relie leur sujet avec une flèche.**

Quand tu viendras jouer chez moi,
on se déguisera : je mettrai
mon costume d'Indien et toi,
tu enfileras le costume de cowboy.

- **Complète les verbes au futur.**

On **install**__________ une tente
et nous **invent**__________ plein
d'histoires : tu me **ligot**__________ ,
je **se**__________ ton prisonnier,
nous nous **bagarr**__________ ,
mais pour de faux !
On **s'amus**__________ comme des fous !

Je reconnais le verbe et le nom (2)

Pour commencer

Dans chaque encadré, barre le ou les intrus.

Puis écris si c'est une liste de verbes ou une liste de noms.

ils...	**des...**	**nous...**
chantent souvent parlent écrivent argent	familles jardins retiens glaçons dessines	cuisinons dormons saucissons guérissons guérisons
C'est une liste de : ______	C'est une liste de : ______	C'est une liste de : ______

Comment reconnais-tu un **verbe** ? Comment reconnais-tu un **nom** ?

1 Je reconnais le verbe et le nom (2)

Pour s'entraîner

1 2 3 4 5 6

Barre le ou les intrus.

Puis, dans l'encadré à droite, entoure la bonne réponse.

nous... → jouons / maisons / chantons / dormons / travaillons

C'est une liste de **verbes** / **noms**.

une... → piscine / colline / clémentine / dessine / machine

C'est une liste de **verbes** / **noms**.

des... → garçons / prisons / attendons / chansons / chantons

C'est une liste de **verbes** / **noms**.

② Je comprends le sens propre et le sens figuré

1 2 3 **4** 5 6 7 8 9

Le même verbe est utilisé dans ces phrases.

Entoure-le.

- Le maitre dit : « Creusez-vous un peu la tête ! » → sens ____________________
- Cette grande balade m'a creusé l'appétit. → ____________________
- Les taupes ont creusé une galerie dans l'herbe. → ____________________
- Les ouvriers creusent la terre. → ____________________

Écris à droite si le verbe est utilisé au sens propre ou au sens figuré.

③ J'écris des verbes au pluriel

1 2 3 **4** 5

Lis le texte.

La souris **explore** la maison.
Elle **habite** au grenier.
Elle **est** discrète.
Elle **reste** silencieuse,
car elle **a** peur du chat !

Transforme les phrases en écrivant les verbes au pluriel.

- Les souris ____________________ la maison.
- ____________________ ____________________ .
- Elles ____________________ discrètes.
- Elles ____________________ silencieuses , car elles ____________________ peur du chat !

④ Je comprends ce qui est « caché » dans un texte

1 2 ... 18 19 **20** 21 ... 28 29

Lis attentivement le texte pour bien comprendre.

Des bruits inquiétants
provenaient de la pièce à côté.
Léo regrettait vraiment
de ne pas avoir écouté sa maman,
mais il était trop tard…
« Tu verras, il va te l'arracher
avec une énorme pince », lui avait dit
sa grande sœur pour lui faire peur…
Léo n'était vraiment pas rassuré…

Réponds à la question.

- Où est Léo ?

____

____

____

Dans le texte, souligne les indices qui t'ont permis de répondre.

Je comprends dans quel ordre se passent les choses

Pour commencer

▸ **Observe le dessin et lis les phrases.**

☐ Émile est allé au ski.

☐ Une ambulance l'a emmené à l'hôpital.

☐ 

☐ Il a foncé dans un sapin.

☐ Dans un mois, tout ira mieux !

Dans quel ordre se sont passées les choses ?

▸ **Numérote les cases de 1 à 5.**

1 Je comprends dans quel ordre se passent les choses

Pour s'entrainer

1 2 3 4 5 6 7 8 9 10 11 12

▸ **Observe les dessins et lis les phrases.**

☐ Il se relève en se frottant les fesses.

☐ 

☐ Il a gelé la nuit dernière.

☐ Max met son bonnet et ses gants.

☐ Il commence à s'avancer.

☐ Elle se sèche et se rhabille.

☐ Lisa arrive à la piscine.

☐ 

☐ Elle retourne chez elle.

☐ Elle met son maillot de bain.

Dans quel ordre se sont passées les choses ?

▸ **Dans chaque colonne, numérote les cases de 1 à 5.**

② Je trouve le sens d'adjectifs inconnus

Lis le texte.

En arrivant chez Jordan, Lucas frappa à la porte, mais personne n'ouvrit. Lucas, **désemparé**, se gratta la tête, ne sachant s'il devait attendre ou rentrer chez lui.

Entoure les adjectifs qui ont le même sens que désemparé.

ravi — bien embêté — embarrassé — sûr de lui

Lis le texte.

D'un geste **preste**, le magicien fit sortir un lapin de son chapeau.

Entoure les adjectifs qui ont le même sens que preste.

agile — adroit — lent — lourd — maladroit

③ J'écris les mots avec g ou ge

Écris les mots qui correspondent aux dessins avec ces syllabes.

geon — vil — bour — gea
ge — gi — cien — ble
di — ri — ma — la

un ____________________

un ____________________

un ____________________

un ____________________

④ Je conjugue les verbes au futur

Souligne les verbes au futur.

Puis relie leur sujet avec une flèche.

Demain matin, le soleil brillera à Nice. L'après-midi, des nuages envahiront le ciel, puis la pluie tombera. Les températures descendront et la nuit sera froide.

Complète les verbes au futur.

Le soleil **se montr**__________ mercredi.

Jeudi, le brouillard **arriv**__________ sur toute la région.

Vendredi, les routes **se**__________ glissantes car il **gèl**__________.

J'écris les mots avec h, ch, ph

Pour commencer

▸ **Écris les mots qui correspondent aux dessins.**

un ______ e

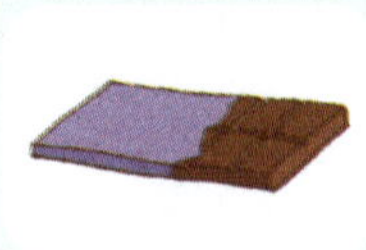

du ______

du ______ x

des ______ x

un ______

un ______ e

Elle a bien ______

un ______

un hipp______

Faut-il écrire **h** ? **ch** ? **ph** ?

1 J'écris les mots avec h, ch, ph

Pour s'entrainer

1 2 3

▸ **Écris les mots qui correspondent aux dessins avec ces syllabes.**

un ______

l' ______

un ______

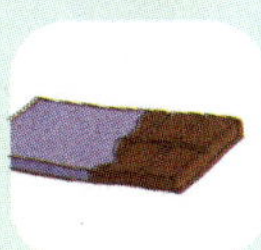

du ______

son | hi | lé | ris | té | ne | co | lat | cho | hé | pho | ver

P4

❷ Je comprends le sens propre et le sens figuré

1 2 3 4 **5** 6 7 8 9

Le même nom est utilisé dans ces phrases.

Entoure-le.

- Des nuages noirs cachent le soleil.

→ sens

- L'avion vole au-dessus des nuages.

→ ______________________

- Simon est un petit rêveur, toujours dans les nuages.

→ ______________________

- Il est content, il est sur un petit nuage.

→ ______________________

Écris si le nom est utilisé au sens propre ou au sens figuré.

❸ Je comprends dans quel ordre se passent les choses

1 **2** 3 4 5 6 7 8 9 10 11 12

Observe le dessin et lis les phrases.

☐ Pour Noël, Paula a reçu des skis et des bâtons.

☐ Aujourd'hui, elle est allée à la montagne.

☐ Après avoir skié, elle a bu un bon chocolat chaud.

☐ 

☐ Elle a pris le téléski.

Dans quel ordre se sont passées les choses ?

Numérote les cases de 1 à 5.

❹ Je reconnais le verbe et le nom (2)

1 **2** 3 4 5 6

Barre le ou les intrus.

Puis, dans l'encadré à droite, entoure la bonne réponse.

vous…
- rêvez
- dessinez
- assez
- courez
- écrivez

C'est une liste de **verbes** / **noms**.

ils…
- s'amusent
- dorment
- sourient
- souvent
- jouent

C'est une liste de **verbes** / **noms**.

① J'écris des verbes au pluriel

Lis le texte.

Mon frère **est** tout petit.

Il **a** neuf mois.

Il **marche** à quatre pattes.

Il ne **parle** pas encore, mais il **babille** !

Transforme les phrases en écrivant les verbes au pluriel.

- Mes frères jumeaux ______________ tout petits.
- ____.
- ____.
- Ils ne ______________________, mais ils ______________________.

Le plus souvent, la terminaison sera **-ent**, sauf pour deux verbes : **ont** et **sont**.

② J'écris les mots avec in/ine, ain/aine, ein/eine, un/une

Écris la fin des phrases en cachant la dernière lettre des mots féminins.

Exemple

cousine ⟶ **cousin**

- Ma **cousine** est **américaine**.

→ Mon c______________________________________.

- Cette petite ourse **brune** est **orpheline**.

→ Ce petit ours b______________________________.

- Pour s'arrêter, **Martine** **freine**.

→ Pour s'arrêter, M____________________ serre le f____________________.

③ Je comprends ce qui est « caché » dans un texte

1 2 ... 20 **21** 22 23 ... 28 29

Lis attentivement le texte pour bien comprendre.

Elle glissa un joli coquillage dans ses longs cheveux blonds et plongea. Ses écailles brillèrent au soleil une dernière fois avant de disparaitre à tout jamais dans les profondeurs.

Réponds à la question.

- De qui parle ce texte ?

____

____

Dans le texte, souligne les indices qui t'ont permis de répondre.

④ Je conjugue les verbes au futur

1 2 3 4 **5** 6

Souligne les verbes au futur.

Puis relie leur sujet avec une flèche.

Le mois prochain, l'été sera là !

Les oiseaux chanteront,

le blé poussera dans les champs

et les fruits muriront sur les arbres.

Complète les verbes au futur.

Nous, nous **pass**__________ nos vacances à la mer.

Je **nag**__________ dans les vagues et nous **bronz**__________ sur la plage.

Tu m'**aid**__________ à mettre de la crème solaire.

⑤ J'écris les mots avec h, ch, ph

1 **2** 3

Écris les mots qui correspondent aux dessins avec ces syllabes.

un ______________________________

une ______________________________

des ______________________________

un ______________________________

gnon | pi | pho | ma | phar | phe | cie

cots | cham | to | ri | ha | gra

Je maitrise l'accent grave (è)

Pour commencer

- Complète les mots avec **è** ou **e**.
- Puis découpe les mots en syllabes.

une sir … ne

une ant … nne

le tonn … rre

une cuill … re

une plan … te

une pouss … tte

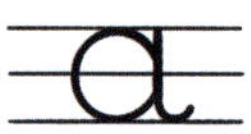
un mod … le

de la fic … lle

une com … te

Comprends-tu quand il faut écrire **é** ? Quand il faut écrire **è** ?

1 Je maitrise l'accent grave (è)

Pour s'entrainer

1 2 3 4

- À gauche, ajoute l'accent grave (è) quand il le faut.

- mon pe re → ____________________
- ma me re → ____________________
- la Ter re → ____________________
- un ver re → ____________________
- mon fre re → ____________________
- la mer → ____________________
- de la fi cel le → ____________________

Recopie les mots à droite en cachant le modèle.

P4

② Je reconnais le verbe et le nom (2)

1 2 **3** 4 5 6

- **Barre le ou les intrus.**
- **Puis, dans l'encadré à droite, entoure la bonne réponse.**

la… → cuisine, termine, copine, lapine, farine

C'est une liste de **verbes** / **noms**.

la… → propreté, vérité, promené, sécurité, réveillé

C'est une liste de **verbes** / **noms**.

③ Je comprends dans quel ordre se passent les choses

1 2 **3** 4 5 6 7 8 9 10 11 12

- **Observe le dessin et lis les phrases.**

☐ Il ouvre son cadeau.

☐ Les piles sont usées.

☐ Noah prend son cadeau sous le sapin.

☐ Enfin, il va se coucher.

☐ 

Dans quel ordre se sont passées les choses ?

- **Numérote les cases de 1 à 5.**

④ J'accorde l'adjectif avec le nom

1 2 3 4 5 6 7 **8** 9

- **Complète les phrases avec les adjectifs qui conviennent.**

grand | grande | grands | grandes

L'histoire de monsieur Grand

Monsieur Grand est très ______________.

Il a un ______________ nez, deux ______________ yeux et une ______________ bouche.

Il marche à ______________ pas dans ses ______________ chaussures.

Quand il prend ses ______________ vacances, il remplit sa ______________ valise avec les affaires suivantes :

une ______________ chemise, un ______________ pantalon, et ses ______________ lunettes de soleil.

J'écris les mots avec am, em, im, om

Pour commencer

▶ **Complète les mots.**

une a ___ bulance

une a ___ tilope

un e ___ tonnoir

une e ___ preinte

un sens i ___ terdit

un ti ___ bre

Elle s'e ___ nuie.

C'est e ___ mêlé.

une bo ___ be

▶ **Observe bien la lettre qui suit le m ou le n que tu as ajouté.**

Comprends-tu quand il faut écrire **m** ? Quand il faut écrire **n** ?

1 J'écris les mots avec am, em, im, om

Pour s'entrainer

1 2 3

▶ **Écris les mots qui correspondent aux dessins avec ces syllabes.**

une ____________________

Elle ____________________

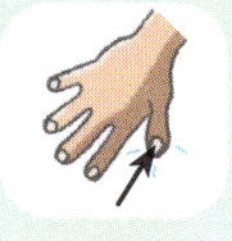

un ____________________

un ____________________

om — gnon — pi — cham — bre — te — chan — gle — on

② Je comprends le sens propre et le sens figuré

1 2 3 4 5 6 7 8 9

Le même nom est utilisé dans toutes ces phrases.

Entoure-le.

- Mon chat s'appelle Mistigri. → sens ________
- Je suis enroué, j'ai un chat dans la gorge. → ________
- Je ne sais pas, je donne ma langue au chat. → ________
- Le chat ronronne près du feu. → ________

Écris à droite si le nom est utilisé au sens propre ou au sens figuré.

③ Je comprends ce qui est « caché » dans un texte

1 2 ... 21 22 23 24 ... 28 29

Lis attentivement le texte pour bien comprendre.

C'était le soir de Noël. « Entrez, faites comme chez vous ! » dit Mamy en accueillant ses invités avec un grand sourire.

Réponds à la question.

- Pourquoi Mamy dit-elle cela ? ________

____

Dans le texte, souligne les indices qui t'ont permis de répondre.

④ Je conjugue les verbes au futur

1 2 3 4 5 6

Souligne les verbes au futur.

Puis relie leur sujet avec une flèche.

Quand je serai grand, je deviendrai pompier.

Les gens m'appelleront à l'aide et je les sauverai.

Complète les verbes au futur.

Avec mes collègues, nous **grimp**________ sur la grande échelle.

Nous **lutt**________ contre les incendies, nous **sauv**________ des vies.

Grâce à ce métier, j'**aid**________ les autres.

Je manipule les groupes nominaux et les pronoms

Pour commencer

▸ **Relie les étiquettes qui vont ensemble.**

Ces grands sportifs veulent gagner la coupe. •	• Elle le rencontre.
Le petit chat va attraper la souris •	• Elles la construisent.
Les minuscules fourmis construisent leur fourmilière. •	• Ils veulent la gagner.
La gentille fée rencontre un vieux magicien. •	• Il va l'attraper.

▸ **Colorie les groupes nominaux (à gauche) et les pronoms (à droite) qui les remplacent.**

Comment repères-tu les **noms** ? Les **adjectifs** ? Les **déterminants** ?

1 Je manipule les groupes nominaux et les pronoms

Pour s'entraîner

1 2 3

▸ **Complète chaque phrase avec un groupe nominal avec un déterminant, un nom et un adjectif.**

le • la • l'
les • des
un • une

girafe • girafes
galette • galettes

grand • grande • grands • grandes
doré • dorée • dorés • dorées

• ______________________ sortent du four. Elles sont appétissantes !

• ______________________ marche dans la savane. Elle est magnifique.

▸ **Colorie de la même couleur ton groupe nominal et le pronom qui le remplace dans la deuxième phrase.**

Ta phrase doit avoir du sens !

P4

② Je maitrise l'accent grave (è)

À gauche, ajoute l'accent grave (è) quand il le faut.

Puis recopie les mots à droite en cachant le modèle.

- une sor cie re → ______
- une pier re → ______
- une noi set te → ______
- une cuil le re → ______
- les le vres → ______
- une an ten ne → ______
- une pla ne te → ______

③ Je comprends dans quel ordre se passent les choses

Observe le dessin et lis les phrases.

- ☐ Elle compte jusqu'à 50.
- ☐ Elle le cherche partout.
- ☐ Léo et sa sœur jouent à cache-cache.
- ☐ Elle finit par le trouver.
- ☐ 

Dans quel ordre se sont passées les choses ?

Numérote les cases de 1 à 5.

④ J'écris les mots avec h, ch, ph

Écris les mots qui correspondent aux dessins avec ces syllabes.

châ · dau · che · teau · ron · phin · ha · bu · che

 une ______

 un ______

 un ______

 un ______

Je découvre les adverbes en -ment

Pour commencer

▶ **Relie deux par deux les mots qui ont un sens contraire.**

lentement — joyeusement — tristement

salement — lourdement — difficilement — facilement

rapidement — légèrement — proprement

▶ **Ces mots se terminent tous par les mêmes lettres. Lesquelles ?**

→ ______________________________

Invente des phrases avec ces mots.

1 Je découvre les adverbes en -ment

Pour s'entraîner

1 2 3

▶ **Complète les phrases avec un adverbe en -ment.**

C'est quand même malheureux !

→ ____________________, ce lit est trop étroit !

Quel regard terrible !

→ Elle a l'air ____________________ fâchée !

Aide-toi des dessins et des bulles.

Les blancs en neige, c'est délicat !

→ Il mélange ____________________ les ingrédients.

P4

❷ J'accorde l'adjectif avec le nom

1 2 3 4 5 6 7 8 9

Complète les phrases avec les adjectifs qui conviennent.

beau | belle | beaux | belles

L'histoire de madame Belle

Madame Belle est la plus ______ :

elle sèche ses ______ cheveux
dans sa ______ salle de bains.

Ensuite, elle brosse ses ______ dents,
maquille ses ______ yeux
et met du vernis sur ses ______ ongles.

Enfin, elle enfile de ______ habits :
une ______ robe,
de ______ chaussures
et un ______ manteau.

Elle va rendre visite à monsieur Beau.

❸ J'écris les mots avec am, em, im, om

1 2 3

Écris les mots qui correspondent aux dessins avec ces syllabes.

ton | tim | bé | bre | tom
pe | lan | lam | mou | gue

un ______

une ______

la ______

il est ______

un ______

❹ Je comprends ce qui est « caché » dans un texte

1 2 ... 21 22 23 24 ... 28 29

Lis attentivement le texte pour bien comprendre.

Le gardien fronça les sourcils quand Zoé approcha sa main de la statue.
« On touche avec les yeux ! », dit-il d'un ton sévère.

Réponds aux questions.

- Où se passe cette scène ?

______

- Que veut dire le gardien ?

______

______

Dans le texte, souligne les indices qui t'ont permis de répondre.

❶ Je reconnais le verbe et le nom (2)

Pour s'entrainer

1 2 3 **4** 5 6

- **Barre le ou les intrus.**
- **Puis, dans l'encadré à droite, entoure la bonne réponse.**

elle... → s'habille · parle · danse · école · rentre

C'est une liste de **verbes** / **noms**.

nous... → voulons · apprenons · savons · citrons · pouvons

C'est une liste de **verbes** / **noms**.

je... → reviens · chuchote · fromage · gagne · recette

C'est une liste de **verbes** / **noms**.

❷ Je manipule les groupes nominaux et les pronoms

Pour s'entrainer

1 **2** 3

- **Complète chaque phrase avec un groupe nominal avec un déterminant, un nom et un adjectif.**

déterminant	nom	adjectif
le • la • l' les • des un • une	élève • élèves cerise • cerises	rouge • rouges nouveau • nouvelle nouveaux • nouvelles

- ________________________________ est arrivée. Elle s'appelle Eva.
- ________________________________ pendent des branches.

Elles sont bien mures.

- **Colorie de la même couleur ton groupe nominal et le pronom qui le remplace dans la deuxième phrase.**

Ta phrase doit avoir du sens !

P4

③ Je maitrise l'accent grave (è)

1 2 **3** 4

- **À gauche, ajoute l'accent grave (è) quand il le faut.**
- **Puis recopie les mots à droite en cachant le modèle.**

- une ri viè re → ____________________
- un ze bre → ____________________
- l' her be → ____________________
- des per les → ____________________
- une ra quet te → ____________________
- une sou pie re → ____________________

④ Je comprends dans quel ordre se passent les choses

1 2 3 4 **5** 6 7 8 9 10 11 12

- **Observe le dessin et lis les phrases.**

☐ Karim va dans la forêt.

☐ 

☐ Enfin, il redescend de l'arbre.

☐ Il commence à grimper.

☐ Il choisit un arbre pour grimper.

Dans quel ordre se sont passées les choses ?

- **Numérote les cases de 1 à 5.**

⑤ Je comprends le sens propre et le sens figuré

1 2 3 4 5 6 **7** 8 9

- **Entoure le verbe de ces phrases.**

- Les coccinelles dévorent les pucerons.

→ sens

- J'ai dévoré ce livre, il était passionnant !

→ ____________________

- Mon chien a dévoré sa pâtée.

→ ____________________

- Oh, un cadeau ! Qu'est-ce que c'est ?
  Je suis dévoré par la curiosité.

→ ____________________

- **Écris si le verbe est utilisé au sens propre ou au sens figuré.**

Je conjugue les verbes à l'imparfait

Pour commencer

Comment était la vie quand nous étions bébés ?

Invente des phrases avec les étiquettes proposées.

je	dorm	ais	des berceuses
tu	jou	iez	dans la poussette
elle	port	aient	dans un petit lit
nous	écout	ions	dans un biberon
vous	buv	ait	à la poupée
ils	gigot		des couches

Comment forme-t-on l'imparfait ?

1 Je conjugue les verbes à l'imparfait

Pour s'entrainer

1 2 3 4 5

Souligne les verbes à l'imparfait.

Puis relie leur sujet avec une flèche.

Autrefois, nous habitions Paris.

Quand j'allais au cinéma, je prenais souvent le métro

car nous n'avions pas de voiture.

Mes parents partaient très tôt le matin.

Complète les verbes à l'imparfait.

Mes cousins **dis**_______________

que nous **av**_______________ de la chance,

mais moi je **pens**_______________

qu'eux **av**_______________ de la chance,

car ils **pouv**_______________ faire du vélo dans la campagne.

② Je découvre les adverbes en -ment

Complète les phrases avec un adverbe en -ment.

Ce hamac est parfait !

→ Jules dort

______________________ bien.

Quelle tranquillité, ici !

→ Ils lisent

______________________ un livre.

Je suis fière de moi !

→ Elle montre

______________________ son dessin.

③ Je comprends ce qui est « caché » dans un texte

Lis attentivement le texte pour bien comprendre.

« Qui a touché à mes affaires ? demanda Papa.

– Pas moi !

– Ni moi !

– Ni moi non plus !

– Dites-moi la vérité, maintenant, j'ai horreur des mensonges ! »

Réponds à la question.

- Qui parle dans cette scène ?

____

____

____

Dans le texte, souligne les indices qui t'ont permis de répondre.

④ J'écris les mots avec in/ine, ain/aine, ein/eine, un/une

Écris la fin des phrases en cachant la dernière lettre des mots féminins.

- J'ai inventé une histoire qui s'appelle : la **vilaine gamine**…

… et le v______________________

- Je verrai ma **marraine** la semaine **prochaine**.

→ Je verrai mon p______________________ le mois p______________________

- Ma petite **lapine** est très **câline**.

→ Mon petit l______________________

Pour s'entrainer

① Je manipule les groupes nominaux et les pronoms

1 2 **3**

Complète chaque phrase avec un groupe nominal avec un déterminant, un nom et un adjectif.

le • la • l' les • des un • une	serpent • serpents verre • verres	vide • vides immense • immenses

• ______________________________ traine sur la table. Il faut le ranger !

• ______________________________ me font peur.

Colorie de la même couleur ton groupe nominal et le pronom qui le remplace dans la deuxième phrase.

Tes phrases doivent avoir du sens !

② Je reconnais le verbe et le nom (2)

1 2 3 4 **5** 6

Barre le ou les intrus.

Puis, dans l'encadré à droite, entoure la bonne réponse.

ils... → dorment • comment • croient • annoncent • donnent

C'est une liste de **verbes** / **noms**.

un... → invité • côté • dansé • habité • café

C'est une liste de **verbes** / **noms**.

vous... → prenez • chez • merguez • vendez • répondez

C'est une liste de **verbes** / **noms**.

③ Je comprends le sens propre et le sens figuré

1 2 3 4 5 6 7 **8** 9

Entoure le verbe identique dans ces phrases.

- Mon chat attrape les papillons.

→ sens

- J'ai attrapé la grippe.

→ __________

- La police a attrapé les deux voleurs.

→ __________

- Je suis arrivé en retard à l'école, je me suis fait attraper !

→ __________

Écris si le verbe est utilisé au sens propre ou au sens figuré.

④ Je comprends dans quel ordre se passent les choses

1 2 3 4 5 **6** 7 8 9 10 11 12

Observe le dessin et lis les phrases.

☐ Elle a marché jusqu'à la rivière.

☐ Elle s'est assise au bord de l'eau.

☐ 

☐ Sarah s'est levée très tôt.

☐ Elle a pris tout son matériel.

Dans quel ordre se sont passées les choses ?

Numérote les cases de 1 à 5.

⑤ Je maitrise l'accent grave (è)

1 2 3 **4**

À gauche, coupe les mots en syllabes.

Puis ajoute l'accent grave (è) quand il le faut.

- la fiè/vre → __________
- une poussette → __________
- une gouttiere → __________
- les lunettes → __________
- la poussiere → __________
- une regle → __________
- une sucette → __________

À droite, écris les mots en cachant le modèle.

Je coupe des phrases en groupes de sens

Pour commencer

- Lis attentivement cette phrase.
- Puis trace des traits entre les groupes de sens.

La première cerise mure s'est montrée comme un nez rouge
au milieu des feuilles vertes.

Deux élèves ont recopié la phrase sur leur cahier.

- **Vérifie leur découpage en entourant ce qui ne va pas.**

Clown sucré

La première cerise mure
s'est montrée comme
un nez rouge au milieu
des feuilles vertes.

Clown sucré

La première cerise
mure s'est montrée
comme un nez rouge au
milieu des feuilles vertes.

① Je coupe des phrases en groupes de sens

Pour s'entrainer

1 2 3

- Lis attentivement cette phrase.
- Puis trace des traits entre les groupes de sens.

Tous les élèves se sont rangés mais leurs cœurs courent encore dans leur poitrine.

- **Recopie la phrase en passant à la ligne après chaque groupe de sens.**

Coup de sifflet

→ ______________________

____

____

____

____

② Je comprends ce qui est « caché » dans un texte

1 2 ... 23 24 25 26 27 28 29

Lis attentivement le texte pour bien comprendre.

Quand Mamy entra dans la cuisine, les deux petits chenapans étaient en train de chiper des bonbons dans son placard. « Eh bien, faites comme chez vous ! » leur dit-elle en fronçant les sourcils.

Réponds à la question.

- Pourquoi Mamy dit-elle cela ?

____

____

____

____

Dans le texte, souligne les indices qui t'ont permis de répondre.

③ J'écris les mots avec am, em, im, om

1 2 3

Écris les mots qui correspondent aux dessins avec ces syllabes.

lan | ce | lan | am | lam
dai | cham | re | ter | ne
pion | bu | pa

un ____________________

un ____________________

une ____________________

une ____________________

④ Je découvre les adverbes en -ment

1 2 3

Complète les phrases avec un adverbe en -ment.

→ Elle joue ____________________ fort.

→ Victor fait ses devoirs ____________________.

→ Elle berce ____________________ son bébé.

J'écris les mots avec ail, eil, euil, ouil

Pour commencer

▶ **Écris les mots qui correspondent aux dessins.**

un faut ______

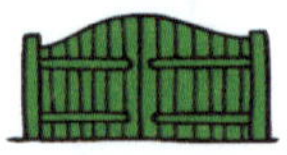

un ______

du f ______

le ______

un ______

du ______

Connais-tu d'autres mots avec les mêmes terminaisons ?

① J'écris les mots avec ail, eil, euil, ouil

Pour s'entraîner

1 2 3

▶ **Écris les mots qui correspondent aux dessins en associant ces débuts et ces fins de mots.**

un ______

J'ai ______

un ______

un ______

un ______

Je te donne un ______ .

Débuts : cons, évent, écur, somm, épouvant, vitr

Fins : ail, eil, euil

② Je comprends le sens propre et le sens figuré

1 2 3 4 5 6 7 8 9

Le même verbe est utilisé dans ces phrases.

▸ Entoure-le.

- Hier, en ville, je suis tombé sur mon ami Franck. ➜ sens ____
- Vous tombez bien, on a besoin d'aide ! ➜ ____
- Je suis tombée et j'ai déchiré mon pantalon. ➜ ____
- J'ai besoin d'aide, ne me laisse pas tomber ! ➜ ____

▸ Écris à droite si le verbe est utilisé au sens propre ou au sens figuré.

③ Je comprends dans quel ordre se passent les choses

1 2 3 4 5 6 7 8 9 10 11 12

▸ Lis attentivement le texte pour bien comprendre.

Hier, on a fait un piquenique. C'est moi qui avais préparé les sandwichs.
Mais il a fallu qu'on rentre vite à cause de l'orage !

▸ Numérote les dessins dans l'ordre où les choses se passent.

☐ 

☐ 

☐ 

④ Je coupe des phrases en groupes de sens

1 2 3

▸ Lis attentivement cette phrase.

▸ Puis trace un trait entre les groupes de sens.

Mille milliards de poux se sont installés dans mes cheveux sans ma permission.

▸ Recopie la phrase en passant à la ligne après chaque groupe de sens.

Quels malpolis !

➜ ____

____

____

____

Je découvre les familles de mots (2)

Pour commencer

▸ **Relie deux à deux les mots de la même famille.**

aimer	un perron
un nœud	un jeu
boire	le sel
une pierre	dénouer
jouer	un piéton
saler	l'amour
un pied	une buvette

▸ **Colorie les lettres qui se retrouvent dans chaque paire de mots, comme dans l'exemple.**

① Je découvre les familles de mots (2)

Pour s'entraîner

1 2 3 4 5 6

Deux familles de mots sont mélangées.

▸ **Colorie en jaune les mots de la première famille, en vert les mots de la seconde famille.**

déterrer — terrible — terrier — terrifiant

souterrain — terriblement — atterrir

terrifier — enterrer — terreur — terre

terroriser

P5

② Je comprends ce qui est « caché » dans un texte

1 2 ... 23 24 25 26 27 28 29

Lis attentivement le texte.

Léa se concentra
et lança le ballon dans le panier.
« Bravo ! », cria son grand frère.

Réponds à la question.

- Pourquoi le frère de Léa a-t-il dit « Bravo ! » ?

____

____

____

____

Dans le texte, souligne les indices qui t'ont permis de répondre.

③ J'écris les mots avec ail, eil, euil, ouil

1 2 3

Écris les mots qui correspondent aux dessins en associant ces débuts et ces fins de mots.

gouvern | trav | ort | sol | chevr

ail | eil | euil | ouil

 le ______________

 J'ai du ______________

 un ______________

 le ______________

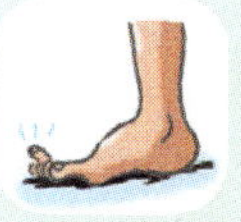 un ______________

④ Je conjugue les verbes à l'imparfait

1 2 3 4 5

Souligne les verbes à l'imparfait.

Puis relie leur sujet avec une flèche.

Quand tu étais toute petite, tu marchais à quatre pattes.

Je t'apprenais à marcher, et tu faisais quelques pas.

Complète les verbes à l'imparfait.

Je **jou**__________ avec toi, et nous **partag**__________ la même chambre.

Tu **dorm**__________ dans un berceau et moi, j'**av**__________ déjà un grand lit.

Nous ne nous **disput**__________ jamais car nous **ét**__________ très complices.

Je reconnais les noms propres et les noms communs

Pour commencer

- **Relie les étiquettes deux par deux.**

une ville	l'Italie
un fleuve	Peugeot
un pays	Paris
une région	Léonie
un nom de famille	la Bretagne
une marque	la Loire
un prénom	Durand

- **Sur ton cahier, écris un autre nom propre de pays, de région, etc.**

Quelle est la particularité des noms propres ?

1 Je reconnais les noms propres et les noms communs

Pour s'entraîner

1 2 3 4

- **Relie deux par deux les étiquettes.**

Charlotte — un prénom de fille

un gâteau

____

une marque de supermarché

une pierre

une charlotte

un croisement

un carrefour

____

un prénom de garçon

un gros caillou

- **Écris les noms propres qui manquent.**

N'oublie pas les majuscules !

P5

❷ Je reconnais le verbe et le nom (2)

1 2 3 4 5 **6**

- **Barre le ou les intrus.**
- **Puis, dans l'encadré à droite, entoure la bonne réponse.**

un…

boulanger — panier — demander — escalier — chevalier

C'est une liste de **verbes** / **noms**.

tu…

viens — retiens — te souviens — italiens — reviens

C'est une liste de **verbes** / **noms**.

la…

propreté — publicité — beauté — décollé — curiosité

C'est une liste de **verbes** / **noms**.

❸ Je découvre les familles de mots (2)

1 **2** 3 4 5 6

Deux familles de mots sont mélangées.

- **Colorie en jaune les mots de la première famille, en vert ceux de la seconde famille.**

courir	court
courte	course
coureur	raccourci
parcourir	coureuse
écourter	

❹ Je comprends dans quel ordre se passent les choses

1 2 3 4 5 6 7 **8** 9 10 11 12

- **Lis attentivement le texte.**

Ce soir, on va au cinéma, Papa et moi. Il a promis de m'acheter du popcorn juste avant le film.

- **Numérote les dessins.**

☐ 

☐ 

☐ 

Je découvre le passé composé

Pour commencer

Relie les phrases qui se ressemblent.

J'ai chanté une chanson. •	• Elle a appelé son papa.
Vous sautez dans les flaques. •	• Je chante une chanson.
Ils ont écouté de la musique. •	• Tu prépares le repas.
Nous avons mangé au restaurant •	• Nous mangeons au restaurant.
Elle appelle son papa. •	• Vous avez sauté dans les flaques.
Tu as préparé le repas. •	• Ils écoutent de la musique.

Colorie en rose les phrases qui se passent en ce moment, au présent, et en vert les phrases qui ont eu lieu dans le passé.

Comment forme-t-on le passé composé ?

1 Je découvre le passé composé

Pour s'entraîner

1 2 3 4 5

Écris quatre phrases au passé composé avec ces étiquettes.

J'	ont	invent		la course.
Elles	ai	jou	é	aux cartes.
Nous	avons	travers		la rue.
Tu	as	gagn		un nouveau jeu.

→ ______________________

→ ______________________

→ ______________________

→ ______________________

② Je comprends ce qui est « caché » dans un texte

1 2 ... 23 24 25 26 27 28 29

Lis attentivement le texte pour bien comprendre.

M. Bernard posa son stylo en pensant : « Eh bien, on dirait que Karim est en progrès ! Pas une seule faute de copie, aujourd'hui ! »

Réponds aux questions.

- Quelle est la couleur du stylo de M. Bernard ?

____

____

- Qui est Karim ?

____

____

____

Dans le texte, souligne les indices qui t'ont permis de répondre.

③ J'écris les mots avec ail, eil, euil, ouil

1 2 3

Écris les mots qui correspondent aux dessins en associant ces débuts et ces fins de mots.

faut · appar · bét · port · rév

ail · eil · euil · ouil

un ______________________

un ______________________

un ______________________

un ______________________

du ______________________

④ Je conjugue les verbes à l'imparfait

1 2 3 4 5

Souligne les verbes à l'imparfait.

Puis relie leur sujet avec une flèche.

Autrefois, quand j'étais petite, la télé n'existait pas.

Nous écrivions avec une plume. C'était le bon vieux temps !

Complète les verbes à l'imparfait.

À l'école, la maitresse **distribu**__________ des bons points et nous **port**__________ tous un tablier. Le soir, nous **écout**__________ la radio. Nos parents nous **lis**__________ une histoire, puis nous **all**__________ nous coucher.

Je transforme des phrases

Pour commencer

Écris deux phrases sous les dessins avec ces étiquettes.

Quand | il | sera | Léna | grand | elle | grande | Jordan | deviendra | chanteur | chanteuse

Certaines étiquettes servent deux fois !

→ ______________________

→ ______________________

→ ______________________

→ ______________________

Colorie de la même couleur les mots et les terminaisons qui changent d'une phrase à l'autre.

① Je transforme des phrases

Pour s'entraîner

1 2 3 4

Récris la phrase pour qu'elle corresponde au second dessin.

Je suis très fatigué :
je suis prêt à aller au lit.

→ ______________________

Souligne tout ce qui a changé.

② Je coupe des phrases en groupes de sens

1 2 3

- **Lis attentivement cette phrase.**
- **Puis trace un trait entre les groupes de sens.**

Écoute toujours la petite musique de ton cœur avant de t'endormir.

- **Recopie la phrase en passant à la ligne après chaque groupe de sens.**

Conseil d'ami

→ ______________________

____

____

③ Je reconnais les noms propres et les noms communs

1 2 3 4

- **Relie deux par deux les étiquettes.**

______________________ | une fleur | ______________________

un olivier | la marguerite | le total | une marque de station-service

un arbre | Marguerite | un prénom de garçon

un prénom de fille | le résultat d'une addition

- **Écris les noms propres qui manquent.**

④ Je découvre le passé composé

1 2 3 4 5

- **Écris trois phrases au passé composé avec ces étiquettes.**

Il	as	gliss		des feuilles.
Vous	a	grimp	é	sur la neige.
Tu	avez	ramass		à l'arbre.

→ ______________________

→ ______________________

→ ______________________

J'écris les mots avec ille, aille, eille, euille, ouille

Pour commencer

Écris les mots qui correspondent aux dessins.

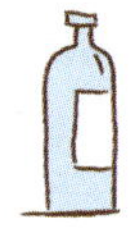
une ____________

une ____________

une ____________

une ____________

une ____________

une ____________

Colorie les déterminants et la dernière lettre de chaque nom.

Pourquoi tous ces noms se terminent par **-e** ?

1 J'écris les mots avec ille, aille, eille, euille, ouille

Pour s'entraîner

1 2 3

Écris les mots qui correspondent aux dessins en associant ces débuts et ces fins de mots.

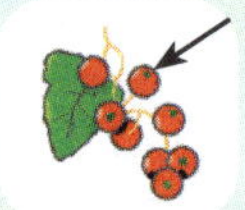
une ____________

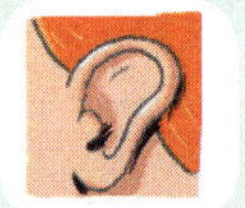
une ____________

Elle se ____________

une ____________

Ça ____________

Débuts	Fins
ratat	aille
or	eille
maqu	euille
chat	ouille
gros	ille

P5

❷ Je conjugue les verbes à l'imparfait

1 2 3 4 5

- **Souligne les verbes à l'imparfait.**
- **Puis relie leur sujet avec une flèche.**

... Il était une fois un petit dauphin. Il s'ennuyait dans la mer.

Tous les dauphins jouaient ensemble dans l'eau,

mais lui, il rêvait de voir la terre.

Ses parents lui disaient d'oublier son rêve.

- **Complète les verbes à l'imparfait.**

Mais il **s'approch**__________ souvent de la plage.

Des enfants **nage**__________ avec lui, et des plongeurs le **caress**__________.

Il ne **pouv**__________ pas, bien sûr, sortir de l'eau,

mais il **aim**__________ observer la plage... *(à suivre)*

❸ Je découvre les familles de mots (2)

1 2 3 4 5 6

Deux familles de mots sont mélangées.

- **Colorie en jaune les mots de la première famille, en vert ceux de la seconde famille.**

bois	buvable
bosquet	reboiser
boire	buvette
reboisement	déboiser
boisson	abreuvoir

❹ Je comprends dans quel ordre se passent les choses

1 2 3 4 5 6 7 8 9 10 11 12

- **Lis attentivement le texte pour bien comprendre.**

La semaine dernière, j'ai semé des petits radis. On les mangera dans trois semaines si je n'oublie pas de les arroser !

- **Numérote les dessins.**

☐ 

☐ 

☐ 

Je fais un dessin pour montrer que j'ai compris

Pour commencer

- **Lis attentivement le texte.**

La cabane est construite dans les branches d'un arbre mort.

À gauche, il y a une échelle pour monter jusqu'à la porte, et à droite, une fenêtre pour observer ce qui se passe dans le jardin d'à côté.

Le toit est très pointu, couvert de tuiles rouges.

Un élève a fait ce dessin en essayant de suivre les indications du texte.

- **Entoure :**
  - **– en vert les parties qui sont réussies ;**
  - **– en rouge les parties où il s'est trompé.**

① Je fais un dessin pour montrer que j'ai compris

Pour s'entraîner

1 2 3

- **Lis attentivement le texte.**

Le drôle d'engin a des petites roues à l'avant et des grandes à l'arrière.

Il y a une grosse hélice sur le toit.

À la place du conducteur, il y a un robot, et à l'arrière, une petite fille.

- **Complète le dessin en respectant le texte.**

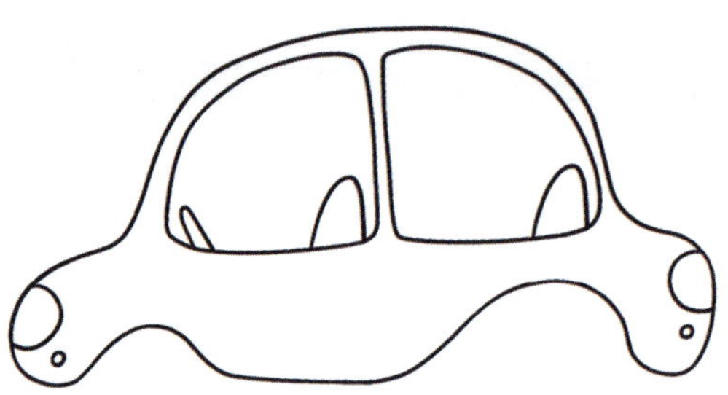

② J'écris les mots avec ille, aille, eille, euille, ouille

1 **2** 3

▸ **Écris les mots qui correspondent aux dessins en associant ces débuts et ces fins de mots.**

bat | gren | s'hab | corb

aille | eille | euille | ouille | ille

une ______________________

une ______________________

une ______________________

Il ______________________

③ Je reconnais les noms propres et les noms communs

1 2 **3** 4

▸ **Relie deux par deux les étiquettes.**

____

une madeleine

Guignol

un prénom de fille

un gâteau

le nom d'une marionnette

____

un guignol

l'aube

le petit matin

un prénom de fille

une personne pas sérieuse

▸ **Écris les noms propres qui manquent.**

④ Je découvre le passé composé

1 2 **3** 4 5

▸ **Écris quatre phrases au passé composé avec ces étiquettes.**

J'	avons	ferm		un arbre.
Elles	ai	allum	é	la réponse.
Elle	ont	devin		le feu.
Nous	a	plant		la porte.

→ ______________________

→ ______________________

→ ______________________

→ ______________________

Je reconnais les familles de mots et les classes grammaticales

Pour commencer

Lis le dialogue.

« Le jaune est ma couleur préférée, dit Sacha.

– Moi, je préfère le violet, dit Matéo.

– Alors que moi, je n'ai pas de préférence, ajoute Léa ».

Entoure les trois mots qui sont de la même famille.

Colorie-les :
- **en bleu si c'est un nom ;**
- **en rouge si c'est un verbe ;**
- **et en vert si c'est un adjectif.**

Comment as-tu fait pour trouver ?

1 Je reconnais les familles de mots et les classes grammaticales

Pour s'entraîner

1 2 3

Lis le premier texte.

Je vais ranger la cave, ça va être fatigant.
Ce soir, je vais être mort de fatigue !
Pas comme mon chat, qui, lui, ne va pas se fatiguer : il dort toute la journée !

La montgolfière est très légère, et c'est grâce à sa légèreté qu'elle monte dans le ciel. Et pour l'alléger encore, on peut jeter de petits sacs de sable.

Entoure les trois mots qui sont de la même famille.

Colorie-les :
- **en bleu si c'est un nom ;**
- **en rouge si c'est un verbe ;**
- **et en vert si c'est un adjectif.**

Fais de même avec le second texte.

❷ Je conjugue les verbes à l'imparfait

1 2 3 4 **5**

- **Souligne les verbes à l'imparfait.**
- **Puis relie leur sujet avec une flèche.**

... La nuit, le petit dauphin rêvait que ses nageoires se transformaient en jambes et qu'il se promenait sur la terre. Mais un jour qu'il jouait avec un nageur, il s'échoua sur la plage.

- **Complète les verbes à l'imparfait.**

Il n'**arriv**__________ plus à retourner dans l'eau.

Il **souffr**__________ beaucoup. Des gens l'ont porté pour le sauver.

Ce jour-là, il a compris que les dauphins n'**ét**__________ pas faits pour vivre sur terre.

❸ Je découvre les familles de mots (2)

1 2 3 **4** 5 6

Deux familles de mots sont mélangées.

- **Colorie en jaune les mots de la première famille, en vert ceux de la seconde famille.**

ronde	déranger
rang	arrangement
arrondir	rond
rangement	rangée
rondeur	arrondi

❹ Je fais un dessin pour montrer que j'ai compris

1 **2** 3

- **Lis attentivement le texte pour bien comprendre.**

Au milieu de la piste, une acrobate porte sur ses épaules un clown. Elle est en équilibre sur une grosse balle multicolore.

- **Complète le dessin en respectant le texte.**

Je manipule des adjectifs

Pour commencer

- Colorie en bleu les groupes nominaux si les mots sont dans le bon ordre.

une étrange histoire | du fromage blanc | les endormis enfants
les enfants endormis | une jolie petite maison | chat sauvage un
une petite jolie maison | un sauvage chat | un chat sauvage
des pois petits | une grande forêt | maison jolie une petite
grande une forêt | des petits pois | du blanc fromage
une histoire étrange

- Relie les deux groupes nominaux où l'adjectif peut être placé avant ou après le nom.

1 Je manipule des adjectifs

Pour s'entrainer

1 2 3

- Lis attentivement ces phrases.

• Nous allons faire petit un gouter bon.
• Le lapin a de dressées longues oreilles.
• Nous traversons branlant un pont vieux.

- Récris-les en mettant les mots dans l'ordre.

→ ______________________________

→ ______________________________

→ ______________________________

- Écris **N** sous les **noms**, **D** sous les **déterminants** et **Adj** sous les **adjectifs**.

Exemple

• le loup méchant grand → le grand méchant loup

le	grand	méchant	loup
D	Adj	Adj	N

P5

② Je transforme des phrases

Récris la phrase pour qu'elle corresponde au second dessin.

• Fiona a participé à la course
et elle est arrivée la première.

→ Mathéo ____________________

____

Souligne tout ce qui a changé.

③ Je reconnais les noms propres et les noms communs

Relie deux par deux les étiquettes.

____________________ | une grande ville de France | une manche
le nom d'un vin | un prénom de fille | ____________________
Clémentine | un bordeaux | une clémentine | un fruit
la mer entre la France et l'Angleterre | une partie de vêtement

Écris les noms propres qui manquent.

④ Je comprends ce qui est « caché » dans un texte

Lis attentivement le texte.

Sébastien mit la main dans sa poche et s'aperçut que la pièce de 2 € avait disparu… « Excusez-moi, Madame, j'ai perdu mon argent, je reviendrai chercher le pain plus tard… »

Réponds à la question.

• À qui parle Sébastien ?

____

Dans le texte, souligne les indices qui t'ont permis de répondre.

Je trouve le sujet et le verbe de la phrase (2)

Pour commencer

- Lis les deux phrases et barre celle qui ne veut rien dire.

• Les lettres distribuent le facteur chaque matin.

• Le facteur distribue les lettres chaque matin.

- Souligne le **sujet** et le **verbe** dans le phrase correcte.

- Écris deux phrases avec ces **mots** :
  - La première est correcte.
  - La seconde ne veut rien dire.

bon allume Jeanne un feu

→ ______________________

→ ______________________

- Souligne le **sujet** et le **verbe** seulement dans la phrase qui a du sens.

1 Je trouve le sujet et le verbe de la phrase (2)

Pour s'entraîner

1 2 3 4 5

- Lis cette phrase qui ne veut rien dire.

• Sans bruit, le fromage grignote les souris.

- Récris-la en mettant les mots dans l'ordre.

→ ______________________

____

____

- Souligne le **sujet** et le **verbe** de la phrase que tu as écrite.

P5

② J'écris les mots avec ille, aille, eille, euille, ouille

▸ Écris les mots qui correspondent aux dessins en associant ces **débuts** et ces **fins** de mots.

débuts	fins
citr, méd, bout, ab, coqu	aille, eille, euille, ouille, ille

une ____________________

une ____________________

une ____________________

une ____________________

une ____________________

③ Je découvre les familles de mots (2)

Deux familles de mots sont mélangées.

▸ Colorie en jaune les mots de la première famille, en vert ceux de la seconde famille.

gare, gardienne, garder, héligare, chef de gare, gardien, garde, garer, aérogare, garderie

▸ Recopie un verbe de chacune de ces familles.

→

→

④ Je découvre le passé composé

▸ Écris quatre phrases au passé composé avec ces étiquettes.

Vous	avons	colori	é	ma chambre.
Tu	avez	plong		mon dessin.
Il	as	rang		dans l'eau.
Nous	a	cass		un verre.

→

→

→

→

J'écris les mots avec gn ou gu

Pour commencer

▸ Écris les mots qui correspondent aux dessins.

une ____________

une ____________

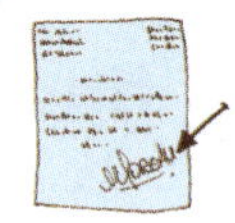
Il a s____________.

une ____________

la c____________

Il est ____________

une ____________

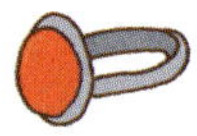
une ____________

une m____________

① J'écris les mots avec gn ou gu

Pour s'entraîner

1 2 3

▸ Écris les mots qui correspondent aux dessins avec ces **syllabes**.

un ____________

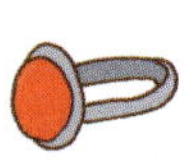
une ____________

une ____________

une ____________

un ____________

gnon | gue | pi | a | ba | pe | rai | gneau | a | guê | cham | gnée

P5

❷ Je reconnais les familles de mots et les classes grammaticales

1 2 3

Lis le premier texte.

Je vais faire de la poterie. J'aurai les mains sales, mais tant pis ! Je vais essayer de ne pas trop me salir. Mais la machine à laver viendra à bout de cette saleté.

Le vétérinaire va libérer le chien de son attelle : il va retrouver sa liberté. Quel plaisir d'être libre à nouveau !

Fais de même avec le second texte.

Entoure les trois mots qui sont de la même famille.

Puis colorie-les en bleu si c'est un nom, en rouge si c'est un verbe, et en vert si c'est un adjectif.

❸ Je comprends dans quel ordre se passent les choses

1 2 3 4 5 6 7 8 9 10 11 12

Lis attentivement le texte pour bien comprendre.

J'ai écrit à ma grand-mère qui habite en Amérique pour la remercier de son beau cadeau. Elle sera contente de voir comme j'écris bien !

Numérote les dessins dans l'ordre où les choses se passent.

☐ 

☐ 

☐ 

❹ Je trouve le sujet et le verbe de la phrase (2)

1 2 3 4 5

Lis cette phrase qui ne veut rien dire.

- Pour mon anniversaire, un cadeau m'offre Papi et Mamie.

Récris-la en mettant les mots dans l'ordre.

→ ______________________________

____

Souligne le sujet et le verbe de la phrase que tu as écrite.

Je découvre les préfixes

Pour commencer

Lis les définitions.

C'est un mur qui protège les maisons du bruit de la route.

- un mur ____________________

C'est une tige de métal qui attire la foudre et protège un bâtiment de l'orage.

- un ____________________

C'est une personne qui parle plusieurs langues.

- une personne ____________________

C'est une manière de travailler depuis chez soi, loin de son lieu de travail habituel.

- le ____________________

À droite, écris ces mots au bon endroit.

antibruit | télétravail | multilingue | paratonnerre

Comment sont formés les mots que tu as écrits ?

1 Je découvre les préfixes

Pour s'entrainer

1 2 3

Lis chaque définition.

- C'est un objet qui permet de changer de chaine sans se lever : une ____________________.

- C'est un objet qui protège de la pluie : un ____________________.

- C'est un vêtement qui a beaucoup de couleurs : un vêtement ____________________.

- C'est un objet qui protège les vélos ou les motos du vol : un ____________________.

Écris les mots qui correspondent aux définitions avec ces préfixes et ces fins de mots.

para | anti | télé | multi

colore | pluie | vol | commande

❷ Je manipule des adjectifs

Lis attentivement ces phrases.

- J'ai gentil chien un petit.
- Cruella est horrible une vieille sorcière.
- La fée a une magique dorée baguette.

Récris-les en mettant les mots dans l'ordre.

→ ____________________

→ ____________________

→ ____________________

Écris N sous les noms, D sous les déterminants et Adj sous les adjectifs.

❸ J'écris les mots avec gn ou gu

Écris les mots qui correspondent aux dessins avec ces syllabes.

 un ____________________

 la ____________________

 la ____________________

 une ____________________

 un dé ____________________

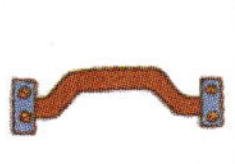 une ____________________

ta | ment | se | gue | pei | re | lan | gne | ta

gnée | gui | gui | gne | mon | poi

Je découvre les niveaux de langue

Pour commencer

Relie les mots qui ont le même sens.

des godasses ●	● sale
crado ●	● cassé
un mec ●	● une fille
une nana ●	● des chaussures
bousillé ●	● un homme

Complète les phrases avec familier et courant.

• À gauche, ce sont des mots qu'on utilise en parlant, avec des copains par exemple : ils font partie du langage ______________________.

• À droite, ce sont des mots qu'on utilise quand on parle à des adultes, ou quand on écrit : ils font partie du langage ______________________.

1 Je découvre les niveaux de langue

Pour s'entraîner

1 2 3

Lis les petits textes.

Zoé est arrivée à l'école avec un drôle de chapeau sur la tête. Ça m'a fait rire ! « Arrête de rigoler, c'est parce que je ne trouve plus ma casquette ! »

« Grouille-toi, on va rater le bus ! » C'est vrai qu'il fallait qu'on se dépêche, le bus était prêt à partir.

Dans chaque texte, entoure les deux mots qui ont le même sens.

Colorie en jaune le mot familier et en vert le mot courant.

❷ Je trouve le sujet et le verbe de la phrase (2)

1 2 **3** 4 5

- **Lis cette phrase qui ne veut rien dire.**

• Les voitures jouent avec Paul dans sa chambre.

- **Récris-la en mettant les mots dans l'ordre.**

→ ______________________________

____

____

- **Souligne le sujet et le verbe de la phrase que tu as écrite.**

❸ Je transforme des phrases

1 2 **3** 4

- **Récris la phrase pour qu'elle corresponde au second dessin.**

Vous êtes idiots de vous bagarrer,
tous les deux !

→ ______________________________

____

- **Souligne tout ce qui a changé.**

❹ Je fais un dessin pour montrer que j'ai compris

1 2 **3**

- **Lis attentivement le texte pour bien comprendre.**

Sur le sol, on voit une flaque de boue.
Au milieu de cette flaque, on voit un petit chien tout mouillé et tout sale. Il pleut, mais il ne peut pas rentrer dans sa niche car un gros chat lui a volé sa place !

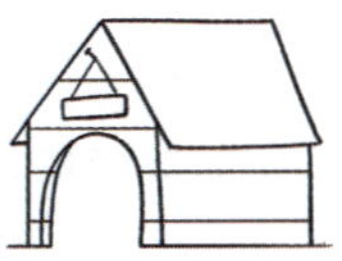

- **Complète le dessin en respectant le texte.**

J'écris le masculin et le féminin des adjectifs

Pour commencer

Observe comment on passe du féminin au masculin.

Exemple

forte → **fort**

- Elle est **forte**.
  → Il est f______________
- Elle est **gourmande**.
  → Il est g______________
- Elle est **méchante**.
  → Il est m______________
- Elle est **petite**.
  → Il est p______________
- Elle est **poilue**.
  → Il est p______________
- Elle est **patiente**.
  → Il est p______________

Que remarques-tu ?

1 J'écris le masculin et le féminin des adjectifs

Pour s'entraîner

1 2 3

Cache la fin de l'adjectif au féminin.

Puis écris l'adjectif au masculin.

- une boisson **froide**
  → un repas ______________
- une boisson **chaude**
  → un repas ______________
- une vis **pointue**
  → un clou ______________
- une plante **verte**
  → un sapin ______________
- une baleine **grise**
  → un éléphant ______________
- une chaise **longue**
  → un pantalon ______________

② Je comprends dans quel ordre se passent les choses

1 2 3 4 5 6 7 8 9 10 **11** 12

Lis attentivement le texte pour bien comprendre.

« Quand je serai grande, je serai championne olympique de natation !
– D'accord, mais commence par apprendre à nager. »

Numérote les dessins.

☐ 

☐ 

☐ 

③ J'écris les mots avec gn ou gu

1 2 **3**

Écris les mots qui correspondent aux dessins avec ces syllabes.

si – tu – gue – ci – mar – gui – don – ri – gna – te – re – gne – go

 une ______________________

 une ______________________

 un ______________________

 une ______________________

④ Je reconnais les familles de mots et les classes grammaticales

1 2 **3**

Lis le premier texte.

Zoé est toute pâle, on dirait qu'elle a très peur… La pâleur de sa peau est presque inquiétante… Qu'est-ce qui l'a fait pâlir ?

Il faut beaucoup de courage pour participer à cette course. Les spectateurs viennent encourager les courageux sportifs.

Fais de même avec le second texte.

Entoure les trois mots qui sont de la même famille.

Puis colorie-les en bleu si c'est un nom, en rouge si c'est un verbe, et en vert si c'est un adjectif.

J'organise les mots du général au particulier

Pour commencer

- Trouve les mots qui font partie de la même catégorie.
- Puis colorie-les en changeant de couleur pour chaque catégorie.

une plante	un fromage	une fleur
un perroquet	une rose	un couvert
une fourchette	un animal	un camembert
un aliment	la vaisselle	un oiseau

- Trace des flèches qui vont du mot le plus général au mot le plus particulier.

1 J'organise les mots du général au particulier

Pour s'entraîner

1 2 3

- Observe bien ces mots.

un animal	un outil	un potiron
un artiste	un chanteur	un insecte
un aliment	un légume	un objet
un marteau	une mouche	un métier

- Trouve les mots qui font partie de la même catégorie et colorie-les.
- Trace des flèches qui vont du mot le plus général au mot le plus particulier.

❷ Je découvre les familles de mots (2)

1 2 3 4 5 **6**

Deux familles de mots sont mélangées.

Colorie en jaune les mots de la première famille, en vert ceux de la seconde famille.

part	séparer
inséparable	plupart
séparable	séparation
partager	partage
répartir	séparément

❸ Je comprends ce qui est « caché » dans un texte

1 2 3 ... 24 25 26 27 28 **29**

Lis attentivement le texte pour bien comprendre.

Sans faire exprès, Léa renversa le litre de lait sur la table. Son frère se leva pour aller chercher une éponge en disant : « Ah, bravo, tout est trempé maintenant ! »

Réponds à la question.

- Pourquoi le frère de Léa a-t-il dit « bravo » ?

____

____

Dans le texte, souligne les indices qui t'ont permis de répondre.

❹ Je manipule des adjectifs

1 2 **3**

Lis attentivement ces phrases.

- La star porte magnifique précieuse pierre une.
- J'ai photographié une bleue baleine énorme.
- Le clown porte un pointu chapeau multicolore.

Attention, les adjectifs ne sont pas à la bonne place !

Récris-les en mettant les mots dans l'ordre.

→ ____________________

→ ____________________

→ ____________________

Écris N sous les noms, D sous les déterminants et Adj sous les adjectifs.

❶ Je trouve le sujet et le verbe de la phrase (2)

Pour s'entrainer

1 2 3 **4** 5

- **Lis cette phrase qui ne veut rien dire.**

Au début de l'été, les cerises cueillent Jasmine.

- **Récris-la en mettant les mots dans l'ordre.**

→ ____________________

____

- **Souligne le sujet et le verbe de la phrase que tu as écrite.**

❷ Je comprends dans quel ordre se passent les choses

1 2 3 4 5 6 7 8 9 10 11 **12**

- **Lis attentivement le texte pour bien comprendre.**

« Demain, j'irai chez le dentiste pour la première fois.

Je viens de perdre ma première dent de lait, et comme je mange beaucoup de bonbons, maman dit qu'il vaut mieux vérifier que je n'ai pas de carie. »

- **Numérote les dessins dans l'ordre où les choses se passent.**

☐ 

☐ 

☐ 

❸ J'organise les mots du général au particulier

1 **2** 3

- **Observe bien ces mots.**

un poisson	une truite	un arbre
un pédiatre	une plante	un animal
un pommier	un métier	un médecin

- **Trouve les mots qui appartiennent à une même catégorie et colorie-les.**
- **Trace des flèches qui vont du mot le plus général au mot le plus particulier.**

P5

④ Je transforme des phrases

1 2 3 **4**

Récris la phrase pour qu'elle corresponde au second dessin.

• Je suis contente que tu sois ma meilleure amie.

→ ______________________________

____

Souligne tout ce qui a changé.

⑤ Je découvre le passé composé

1 2 3 4 **5**

Écris quatre phrases au passé composé avec ces étiquettes.

Elles	avez	coll		mes cheveux.
J'	a	press	é	un citron.
Il	ai	répar		mon vélo.
Vous	ont	séch		des gommettes.

→ ______________________________

→ ______________________________

→ ______________________________

→ ______________________________

⑥ Je découvre les niveaux de langue

1 **2** 3

Lis les petits textes.

Mon chien est un vrai morfal : il finit sa gamelle en cinq secondes ! Il faudrait qu'il apprenne à être moins glouton.

Jamel est arrivé en pétard à l'école : il avait mal dormi. Pourtant ce n'est pas son genre de se mettre en colère.

Dans chaque texte, entoure les deux mots qui ont le même sens.

Colorie en jaune le mot familier et en vert le mot courant.

J'écris les mots avec oi, oin, ion

Pour commencer

- Écris les mots qui correspondent aux dessins.

un ____________

du ____________

du ____________

Il est ____________.

un ____________

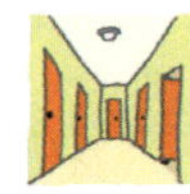

un ____________

des petits ____________

le ____________

des ____________

1 J'écris les mots avec oi, oin, ion

Pour s'entraîner

1 2

- Écris les mots qui correspondent aux dessins avec ces **syllabes**.

une ____________

un ____________

des ____________

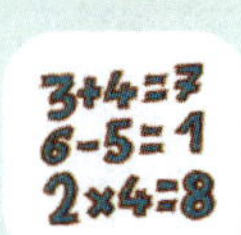

des ____________

un ____________

points	ar
sion	pé
son	sus
doi	pen
o	pois
de	vion
se	ra
tions	a

P5

❷ Je découvre les préfixes

Lis chaque définition.

- Ce sont des phares de voiture qui aident à bien voir quand il y a du brouillard : des phares ______________________.

- C'est une peinture spéciale qui protège le métal contre la rouille : une peinture ______________________.

- C'est un objet qui freine la chute quand on saute depuis un avion : un ______________________.

Écris les mots qui correspondent aux définitions avec ces préfixes et ces fins de mots.

para | anti | télé | multi   chute | brouillard | rouille

❸ J'écris le masculin et le féminin des adjectifs

Cache la fin de l'adjectif au féminin.

Puis écris l'adjectif au masculin.

- une bague **brillante**
→ un bijou ______________________

- une dame **inquiète**
→ un monsieur ______________________

- une fille **coquette**
→ un garçon ______________________

- une chienne **craintive**
→ un chien ______________________

❹ Je découvre les niveaux de langue

Lis les petits textes.

« Tu as de la chance, tu as gagné à la loterie de l'école ! »
– C'est vrai que j'ai eu du bol ce jour-là.

« Maitresse, Sam m'a piqué ma gomme !
– C'est pas vrai, je ne lui ai rien volé du tout ! »

Dans chaque texte, entoure les deux mots qui ont le même sens.

Colorie en jaune le mot familier et en vert le mot courant.

❶ Je trouve le sujet et le verbe de la phrase (2)

1 2 3 4 **5**

Lis cette phrase qui ne veut rien dire.

La course font les enfants dans la cour.

Récris-la en mettant les mots dans l'ordre.

→ ______________________________

____

Souligne le sujet et le verbe de la phrase que tu as écrite.

❷ J'écris le masculin et le féminin des adjectifs

1 2 **3**

Cache la fin de l'adjectif au féminin.

Puis écris l'adjectif au masculin.

- une planche **épaisse**
  → un livre ______________
- une valise très **lourde**
  → un sac très ______________
- une fille **assise**
  → un garçon ______________
- une fleur **violette**
  → un pull ______________
- une réunion **secrète**
  → un agent ______________
- une fille **sportive**
  → un garçon ______________

❸ J'organise les mots du général au particulier

1 2 **3**

Observe bien ces mots.

un astre	un ustensile	une poêle
une pâtisserie	une planète	une crêpière
Mars	un dessert	une tarte

Trouve les mots qui font partie de la même catégorie et colorie-les.

Trace des flèches qui vont du mot le plus général au mot le plus particulier.

4 Je découvre les préfixes

Lis chaque définition.

- C'est un plastique spécial qui protège contre les chocs :
  un plastique ______________________.

- C'est un objet qui protège des courants d'air dans une pièce :
  un ______________________.

- C'est une prise qui permet de brancher plusieurs appareils :
  une ______________________.

- C'est une petite voiture que l'on peut commander à distance :
  une voiture ______________________.

Écris les mots qui correspondent aux définitions avec ces préfixes et ces fins de mots.

para | anti | télé | multi

choc | vent | prise | commandée

5 J'écris les mots avec oi, oin, ion

Écris les mots qui correspondent aux dessins avec ces syllabes.

du ______________________

____

il est ______________________

une ______________________

un ______________________

un ______________________

neau | ca | té | poi | ten | son | At | lé

moi | coin | vi | mion | tion | cé | sion

Rejoignez le groupe de discussion sur Facebook *Le monde de Cléo*

Ce livre est conforme à la nouvelle orthographe
www.orthographe-recommandee.info

92 avenue de France 75013 Paris

Code éditeur : 193760

ISBN : 978-2-7256-4691-6

Dépôt légal : février 2025

Direction éditoriale : Joëlle Gardette

Édition : Claire Cabaret

Relecture : Emeline Guibert

Conception maquette et mise en page : Twapimoa

Illustrations : Marie Morey, Patrick Chenot,
Nikao (pictos monstres), Élodie Garcia (Cléo et son lémurien), IStock

N° de projet : 10304345

Imprimé par Rotolito en février 2025